認識と実在

―― AI時代の実在論 ――

濱田利英

東京図書出版

本書を手に取っていただきありがとうございます。

本書の内容は、姫路大学教育学部の研究紀要において私の発表した論文や研究ノートを基に加筆修正を加え、科学的実在論として体系化したものです。

本書では考えるという行為自身を考えの対象にしています。そうすると、これまで見えなかった認識と実在の構造や、人間の知性の特徴と限界が見えてきます。その一つ目は、「実在の二重構造」という事実であり、二つ目は、人間の精神は「原実在」であるという事実です。そして三つ目は、人間の知性のうち「人間にとっての実在」にならない部分が存在するという事実です。※これらの事実から、これまで哲学の課題であった「主観と客観」「物質と精神」の関係について、一つの結論を導いています。また、「AIが人間の感情や知性を持つことはない」ことを導き、これから本格的に到来するAI時代に、人間の尊厳がどこにあるのかを明らかにしています。具体的には、物理学の知識や考え方を人間の精神に適用し、認識と実在の関係を解明しています。物理学と言っても高校物理が中心で、本書を読むのに物理学の予備知識は一切必要ありません。

第一部と第二部から構成し、第一部では理論体系を、第二部では歴史的背景や考え方について述べています。第二部は、対話形式で表し第一部の内容を補足するような構成にしていますが、第二部から読まれても構いません。
※「実在の二重構造」「原実在」「人間にとっての実在」の意味は、本文中で説明しています。

はじめに

2003年、小澤正直氏〔注1〕がハイゼンベルク〔注2〕の不確定性原理に補正項を付け加えるという論文を発表された。ハイゼンベルクの不確定性原理は、量子力学の基礎原理であると言われることもあり、まさか書き換えられるとは思っていなかった。小澤氏の指摘が正しいとすれば、これまで正しいと信じられ現代物理学の自然像を創り上げてきた量子力学は、どこか書き換えられるのかという疑問が出てきた。このような衝撃と疑問が、以前読んだ本の中にあったカントの言葉「人間は、自然そのものがどうなっているかということは分からない。人間に分かるのは、自然が人間にとってどうなっているかということだけだ」と結び付き、「実在とは何か」「認識とは何か」という本書のテーマが私の中で徐々に形づくられていった。その過程で、私の心に残っていた知の巨人の言葉や思想が、直近の科学的事実とともに本書のテーマを解明し新しい実在論を構築する基礎的要素となっていった。そこでまず、これらの基礎的要素を披瀝し本書の特徴をご理解いただきたいと思う。

基礎的要素の一つ目は、シュレーディンガーが彼の著書『生命とは何か』の中で、「生物は負のエントロピー〔注3〕を食べて生きている」と言葉で生命を定義していたのが心に残っていたということである。生命現象が物理法則によって定義できるなら、人間の感情や知性も物理法則によって定義できないかと考えた。感情や知性も元を辿れば肉体と同様、原子・分子に行き着くのだから定義できると考えたわけである。つまり、人間の感情と知性を物理学の体系の中に位置づけたいということである。そうすると新たな世界が開けてくると思った。ところが、これを実現するとなると、なかなか難しい。これまでにない感情と知性の捉え方が必要になるし、物理学・自然科学の体系のどこかに新たな分野を創る必要が出てくるかもしれない。結果的には、これらの困難が二つ目三つ目の基礎的要素と結びつき、一つの理論体系を構成することとなっていった。ただ、それは当初の目的とはまったく異なる結論に行き着いてしまった。しかし、予期できなかったそのことが逆に「認識と実在」についての新たな世界を切り拓くことに繋がっていった。唯物論と観念論の統合、固有世界の存在、ＡＩが人間の感情や知性を持たないことなどは、それから導かれる結論の一部である。

基礎的要素の二つ目は、学生時代に読んだ本の中で印象に残っている言葉があり、いつかはその印象に残っている部分を解明したいと思っていたということである。その一つ目は、アインシュタインの残した次のような言葉である。アインシュタイン曰く「私には、人間が物事を理解できるということがよく分からない（注４）」と。あのアインシュタインが人間の知性に目を向けたときの言葉として印象に残っている。二つ目の言葉はゲーテのものである。ゲーテは40歳頃から光学に取り組んだ。そしてニュートン光学に反発した。ニュートンは自然光をプリズムで分光し光の粒子説を提唱した。ニュートン物理の方法は、自然現象を分析しその根底にある本質（法則）を突きとめ、それによりすべての自然現象を体系的に説明するというものである。この方法がいかに有効であるかは、ニュートン物理から発展してきた今日の自然科学の進歩を見れば明らかである。ところがゲーテは、自然光をプリズムで分光し光の本質を突きとめるというニュートン光学のこの方法に反発した。ゲーテ曰く「光は自然の中でその本質を現す。」(注5)分光によって明らかになるのは、光の性質の一部でしかない」と。ゲーテは、自然光の中で人間が感じる自然の美しさや感動を説明できない理論は不完全であると考えたと思う。物理学におけるニュートンの方法の正しさや有効さは言うまでもないが、ゲーテの言うことにも一理ある。これら二つの立場を統合するには、五官から受け取る感覚と知性で導き出した結論がどのような関係になっているのか、つまり人間の五感で捉える実在と、感情・知性で捉える実在との関係を明らかにすればよい。このことと、先に述べたアインシュタインの言葉の内容とが「人間にとっての実在とは何か」を考える上で、考えるべき対象と方向性を示すものとなっていった。

基礎的要素の三つ目は、科学技術の進歩が人間の認識の変化に大きな影響を及ぼしているということである。その一つ目は、人工知能ＡＩの進歩である。単純な作業のみならず、人間のあらゆる知的な領域にまで進出してきており、人間のアイデンティティを脅かしているようにみえる。4～5年前までは、人間がＡＩと将棋で勝負して負けたということがニュースになった。しかし、最近はならなくなった。つまり、勝負にならなくなった。さらにＡＩは「ディープラーニング」という機能を持ち対局ごとに成長している。このような事実からＡＩはすごい、人間は追い抜かれてしまいＡＩに支配される時代が来ると恐怖に感じることもある。つまり人間は、人間としてのアイデンティティはその知性にあると考えている。そこで本書では、ＡＩの知能と人間の知性の違いを明確にし、現在に合った人間としてのアイデンティティを確立したいと思う。二つ目は、「人間とは何か」「認識とは何か」

「実在とは何か」「宇宙や人間はいかにして誕生したのか」というような問いに答えていく基礎の部分を自然科学が明らかにしてきており、その事実に則って理論を構築する必要があるということである。具体的に重要な二つとして、一つは「地球では生命は38億年前に誕生し、現在も進化している」ということと、もう一つは「宇宙は138億年前にビッグバンにより誕生し、現在も加速膨張している」ということが挙げられる。一つ目は1859年にダーウィンが『種の起源』を発表したことに始まり、二つ目の「宇宙の加速膨張」については1998年の超新星の観測に始まる。進化論が「人間とは何か」を考える上で重要なのは言うまでもないが、宇宙がビッグバンにより誕生し現在も加速膨張しているという事実も「実在とは何か」を考える上では大きな基礎の一つになる。これまでも人間は「人間とは何か」「認識とは何か」「実在とは何か」「人間はいかに生きるべきか」というような問いに対して、その時代時代に合った答えを見つけてきた。しかしながら、ニュートン、ゲーテ、カントの時代には進化論は科学になっていなかった。アインシュタイン、シュレーディンガー、サルトルの時代には宇宙の加速膨張は発見されていなかったし、AIと呼べるものは誕生していなかった。もし、彼らがこの二つの誕生と現在のAIを知っていたら、彼らの思想にこれらを取り入れたと思う。そこで、本書のテーマ「認識とは何か」「実在とは何か」また「認識と実在の関係」についてもこれらを取り入れ、科学的事実に基づいた実在論を構築したいと思う。

（注1）小澤正直氏は日本の数学者、数理物理学者。

（注2）ハイゼンベルクは量子力学の創始者の一人で20世紀を代表する物理学者の一人である。不確定性原理については（参4）、カントの言葉については（参6）参照

（注3）シュレーディンガーは量子力学の創始者の一人で20世紀を代表する物理学者の一人である。エントロピーとは、系の無秩序さ・不規則さの程度を示す物理量で、エネルギーの出入りのない系では常に増大する。煙突からでた煙が拡散していくときも、高温の湯が熱を放出し室温の水になるときにもエントロピーは増大している。ところが、植物は何もないところに物質を集め成長していく。つまり、秩序をつくり出している。動物はそれを食べる。つまり秩序を食べている。つまり負のエントロピーを食べている。

（注4）巻末の参考文献・引用について参照

（注5）巻末の参考文献・引用について参照

認識と実在◇目次

第一部

「認識と実在」理論体系構築

序　章

✧本書の萌芽

本書を書き進めていく中で、過去のこともいろいろ振り返ることがあり、その中で本書の萌芽は半世紀前の私の高校時代にほとんどあることに気づいた。ニュートンとゲーテのことなど「はじめに」で述べたことと重なる部分もあるが、それをまず紹介し、本書の根底にあるものを理解していただければありがたいと思う。

高校時代にニュートンの運動方程式を習ったとき、これで世の中の運動のすべてが理解できると思った。そこで、ニュートンの伝記を読むと、運動の法則や万有引力の法則、微積分の発見などニュートンの天才ぶりがこれでもかというくらいに書いてある。そして、彼の後半生はフックやライプニッツとの創始者争いに多くの時間と労力をさいていた。さらに、ニュートンの論文の中で一番多いのは神学についてであり、彼が最終的に証明したかったのは「神」の存在であるなどと書かれていた。そうするとニュートンは、「神」の存在を証明できなかったのだから、彼の有名な言葉「私は真理の大海を前にして少しばかり美しい貝殻を拾っては喜んでいる子供にすぎない。真理の大海は未発見のまま我が眼前に広がっている」は謙遜でも謙虚でもなく素直なニュートンの気持ちであり、彼の生涯を象徴する言葉として受け取れる。そして、伝記の中では他人との交流については触れられていなかった。天才の光の部分と孤独の影の部分が印象として残った。

私の高校時代の愛読書の一つに芥川龍之介(注1)の『文芸的な、余りに文芸的な』『侏儒の言葉』『西方の人』等の一連の作品群がある。その中で芥川はゲーテの作品や生き方をよく取り上げ、最大級の評価をしていた。そして、ゲーテの素晴らしいところはその雑駁さにあると書いていた。雑駁さを人間としての幅の広さや純粋さという意味で使っていた。そこでゲーテの伝記や詩集、さらに『若きウェルテルの悩み』や『ファウスト』を読み彼の生涯について知ろうとした。もちろん、高校生の私に『ファウスト』の深みは解ろうはずはないが精一杯背伸びをしようとした。伝記では、ゲーテの天才ぶりとともに盟友シラーとの交流や、多くの恋が書かれていた。シラーの亡くなった時には自分の半分くらいを失ったと嘆いた。また、ゲーテ74歳のときに19歳の女性に恋をしプロポーズしている。芥川の言う雑駁さの意味が分かったような気がした。ニュートンとは対人関係において対照的であり、この生き方の違いが、光学における姿勢の違いとして表れていると思った。後年知ったことであるが、ゲーテは5人の子どもすべてに先だたれている。彼も喜びや悲しみを刻み込んだ人生であったと思う。

この二人の天才の考え方や生き方の違いが私の心に深く刻み込まれ、小澤氏の論文をきっかけに「認識と実在」について考えていく中で蘇ってきた。つまり人間にとって、「実在とは何か」「人生の意義とは何か」「いかに生きるべきか」、「物理法則」を発見したニュートンはこの世の真実にたどり着く道を進んでいたのか、ゲーテの「愛」や「友情」は幻だったのか。

ちなみに、ゲーテの生き方を評価していた芥川はその著書の中で「学問をして解ったことは学問の無力であった」という言葉を残し、未来に対する漠然とした不安を理由に自殺した。学問はそれほど万能であると思っていたのか。

人類は進化していくが、古代ギリシャと現在では人間の感情や知性はほとんど変化ないと思う。「認識と実在」探究の萌芽は古代ギリシャですでに誕生していた。古代ギリシャの哲学者で、私にはターレスとプロタゴラスの言葉が印象に残っている。ターレスは「万物は水よりなる」と言った。万物は流転するが、その根底には変化しないものが存在する、それが水であると考えた。ある対談で湯川秀樹はターレスのこの言葉を次のように解説していたと記憶している。「草木は水を吸収して成長する、したがって草木は水よりなる。草木や動物は死ねば土に還る、したがって土は元はといえば水よりなる。したがって動物は元はといえば水よりなる。つまり『万物は水よりなる』。ターレスはこのように考えたと思う」と。これを読んだとき、私は、表面的には変化していく自然現象を何か不変の存在によって説明しようとした最初の試みがここにあると思った。これが後のエネルギー一元論を経て統一場の理論や超弦理論に繋がっていく。(注2)一方、プロタゴラスは「人間は万物の尺度である」と言った。すべての存在を人間が認識しているのであるから、人間の捉え方がすべての尺度である。絶対的真理が人間を離れて存在するのではなく、対象と人間の捉え方の中に真実を見つけようとした原点がここにあると思った。これが、カントを経て、本書で展開する「実在の二重構造理論」に繋がる。

本書では、以上のような萌芽からいろいろな概念や考え方を創造し、「認識と実在」の理論体系としてまとめている。

(注1) 原則として、日本人にも敬称はつけない。

(注2) 統一場の理論とは、アインシュタインが一般相対性理論構築後、重力と電磁気力の統一を試みた理論で、40年かけて研究したが成功しなかった。超弦理論とは、万物の性質を微小なひもの振動により説明しようとするもので究極の物理理論に繋がる可能性があると考えている人も多い。

✧本書で創造した言葉・概念・考え方

本書では、多くの知の巨人の言葉や考え方に触発されて理論を構築しているが、内容そのものについてはすべて私の創造で参考文献はない。そこで、本書の内容を表現するには、多くの言葉・概念・考え方を創造する必要があった。それを本論に入る前にあらかじめ紹介したい。傍点を付けた部分は本書での造語である。

■認識と実在における「第1・第2の飛躍」という言葉の概念を定義し、それにより「人間とは何か」を定義した。

■認識の仕組みの分析より、「人間にとっての実在」と「原実在」という言葉と概念を創造し、「認識と実在」の関係を明らかにした。そしてこれらの関係を「実在の二重構造」という言葉で表した。

■「実在の次元」という言葉と概念を創造し、「人間にとっての実在」の性質を明らかにした。

■唯物論と観念論の矛盾を「物質と精神の巴構造」という言葉で表現し、「実在の二重構造」と「人間の精神が原実在に存在する」という事実から、この矛盾を解決し、唯物論と観念論を統合した。

■「実在の二重構造」と「相対性理論の固有時空の概念」から「固有世界」という言葉と概念を創造し、「認識と実在」についてのコペルニクス的転換を果たした。

■考えるという行為と物理実験との構造上の類似性より、人間が知りうることの特徴と限界を明らかにした。この事実と、「飛躍」「実在の二重構造」より、「ＡＩが人間の感情・知性を持つことはない」ことを証明した。

■物理学により「原実在」から「人間にとっての実在」の誕生が説明できないことを「原理的飛躍」と呼び、「第1・第2の飛躍」との本質的違いから、認識と実在の関係を明らかにした。

■考えるという行為の構造と、ＡＩ内部と人間の体内を支配している法則の違いより、即自存在・対自存在の意味するところを明らかにした。そして、ＡＩは即自存在であり考える主体のないこと、及びＡＩの知能と人間の知性が別物であることを明らかにした。

■「実在の二重構造」の実在を認識する構造と、「解析力学・量子力学」の実在を認識する構造の類似性を明らかにした。

■生物の進化の中で、人間の「本能」と「感情・知性」の関係を捉え直した。

■「人生の意義」が実在であることの意味を本理論体系の中に位置づけた。

以上のように、数多くの言葉・概念・考え方を創造し、新しい実在論を展開している。

✧論理の進め方について

まず、本書の最初のテーマである「人間の感情・知性は自然科学体系のどこにいかに位置づけられるか」というところから出発し、創造した言葉・概念・考え方を一つずつ説明していき、その後それらが一つの理論体系を構築するという展開にしている。そのため、理論の基礎は第Ⅰ・Ⅱ章で、それを基にした理論展開は第Ⅲ章で、理論と科学や思想等との関係は第Ⅳ章で説明している。

本書では多くの概念や言葉を創造して、新しい認識体系を構築しているので、論理の展開の途中で、創造した言葉や概念を説明する必要がある。そのときには、(注)を付けできるだけ各項目末で説明するようにしている。説明が長くなり、論理の展開を妨げると思われる内容については、(参)を付け巻末に回している。したがって、本書の(注)や(参)は出典を示したものではなく、本書の内容を構成する一部である。

第I章　生命とは何か、人間とは何か

自然科学や哲学のテーマが「人間の誕生」「宇宙の誕生」や「人間とは何か」「実在とは何か」に答えることであるなら、初めの二つは、未知の部分はあるが自然科学の進歩によってかなり明らかになったと言っていいと思う。次の「人間とは何か」も、生物としての人間はダーウィンの進化論や生命科学の進歩によって大筋は明らかになってきたと言っていいと思う。本書で対象とする「人間とは何か」とは、「人間の認識とは何か」ということであり、人間の存在を特徴づける五感・感情・知性は自然科学ではどのように捉えられ、自然科学体系のどこに位置づけられるのかという意味である。生物学の対象としての人間や、社会的存在としての人間を対象とはしていない。また、最後の「実在とは何か」については第II章で述べる。第I章と第II章で、「認識と実在」理論の構成要素を説明する。

第1節　物理量と人間の五感の関係

人間の五感と物理量の関係は物理学の進歩により明らかになった。例えば熱については、熱素というような原子が存在すると考えられていた時代もあった。ところが物理学の進歩により、熱とはエネルギーの一つの形態であり、温度とは原子分子の運動エネルギーの大きさを表す量であることが明らかになった。また光については、マクスウェル(注)が電磁気学の基礎方程式を発見し、光が電磁波の一種であることを証明し、人間は振動数の違いを色の違いと捉えていることを明らかにした。物理学の進歩によって明らかになった人間の五感と物理量の関係をまとめると、次のようになる。

(1) 視覚（色）について
感覚で捉える物体の色と物理量である電磁波（光波）との関係
物体の色の違い……電磁波の振動数の違い

(2) 聴覚（音）について
感覚で捉える音の高低や音色と物理量である音波との関係
高音・低音……振動数の多少
音量の大小……振幅の大小
音色の違い……波形の違い

(3) 触覚（温度）について
感覚で捉える温度の高低と原子分子の運動の激しさ
高温・低温……原子・分子の運動エネルギーの多少

(4)　味覚について
感覚で捉える食物の味と食物の分子構造
食物の味の違い……食物の分子構造の違い

(5)　嗅覚について
感覚で捉える臭いと鼻孔に入る粒子の分子構造
臭いの違い……気体の分子構造の違い

人間が五感で捉えられる物理量の範囲には限界がある。音波について言えば、振動数が20（Hz）～20000（Hz）までは音として捉えることができるが、この範囲を超えると感知できない（イルカやコウモリ等、動物によってはこの範囲を超えた音波を感知できるものもいる）。電磁波についても振動数が4×10^{14}（Hz）～8×10^{14}（Hz）までは可視光線として感知できるが、この範囲を超えたものは視覚としては感知できない（視覚としては感知できないが、電磁波の持つエネルギーには肉体は反応する。赤外線を浴びれば暖かいし、紫外線を浴びれば日焼けする）。

（注）マクスウェルはイギリスの物理学者。

第2節　人間の五感・感情・知性の誕生を、宇宙・生命の誕生からの進化の中で位置づける。及び考えるという行為との関係

人間の五感と物理量との関係について前節で述べた。次に、人間の五感・感情・知性(注1)の誕生を宇宙の誕生・生命の進化の中で位置づける。その後、人間の五感・感情・知性と物理量の関係について明らかにする。

（図1）は、宇宙の誕生から人間の五感・感情・知性が誕生するまでの進化の過程を示している。（A）から（D）は人間への進化の過程やその進化の段階・範囲・状態を表し、①②の矢印は人間への進化の方向を表している。

（B）宇宙の誕生の前に、（A）あらゆる自然現象・物理法則・自然法則が存在するとしたのは、我々が存在している宇宙の他にも宇宙が存在するとした理論があることを踏まえてこのように表現している。しかし、その真偽については不明であるという意味で宇宙の誕生を点線で囲っている。図中で、矢印を太い破線（数字①）と細い破線（数字②）で区別したのは、現在の物理法則との関係の強さを示している。①の宇宙の誕生から生命の誕生については、その仕組みや原理について何か重要なポイントが抜けており、現在の物理学・生物学では説明できない部分が残るという意味を破線で表現している。しかし、生命誕生の仕組みの解明は、現在の物理学・生物学の延長線上にあると考えられ

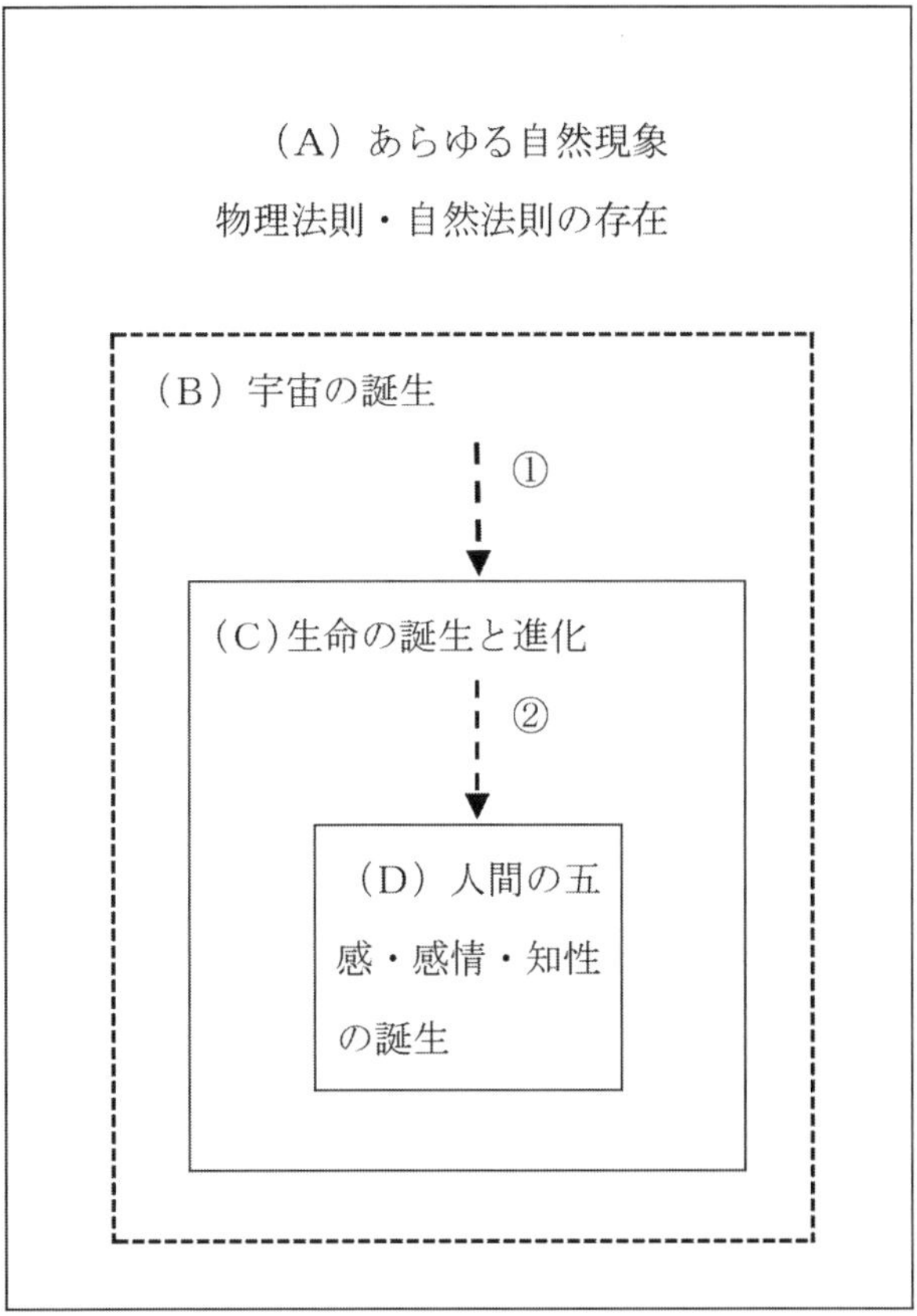

（図１　宇宙の誕生から人間の五感・感情・知性の誕生までの進化図）

るという意味を破線を太くし、表現している。[注2] ②の進化については、人間の五感・感情・知性は、物質から誕生したのであるから物理学・自然科学の範囲で説明できるはずである。しかし現状は、物質からいかにして物質でない性質の五感・感情・知性[注3]が生じるのか説明できない。つまり、②の進化については、人間が物理学・自然科学[注4]で理解できる現象からの乖離が①より大きいと考えられ、①より破線を細くしている。破線の太さで現在の物理学・自然科学で説明できることからの乖離の大きさを表している。

（注1）人間の精神の働きを知情意という言葉で表現することがある。知性・感情・意志のことを指しているが、本書では意志を感情や知性に含めて、人間の精神の働きを感情・知性と表現している。

（注2）生命誕生の仕組みについて、現在の生命科学においては、人ゲノムが解明され遺伝の仕組みも明らかになっている。クローン牛を誕生させ、ｉＰＳ細胞を作り活用する段階にまでなってはいるが、これらはすべて生命誕生についての自然の摂理を利用しているのであって、原子の結合から生命誕生の仕組みを解明したのではない。この意味を破線に込めている。

生命現象になぜ物理学が関係しているのかと言うと、生命が宿っている人間の肉体も原子からできており、その原子の運動はシュレーディンガー方程式により記述される。したがって、原理的には生命現象もシュレーディンガー方程式により記述されると考えられる。この意味で物理学と書いている。

（注３）「物質でない性質」の意味は次項の『考えるという行為の構造』と『考える主体の構造』」のところで説明する。

（注４）すべての物体は原子からできており、基本的には物理学の対象といえる。そこで、本書では物理の法則や考え方を人間の精神に適用し、認識と実在の関係を解明しようとしている。ところが、現状は、生命現象や人間の五感・感情・知性を対象としたときには、現在の物理学の範囲を超えている。このようなときには、自然科学と言っている。対象の広さによって使い分けている。

✧「考えるという行為の構造」と「考える主体の構造」

本書では、人間の知性の構造や働き方を解明し、認識と実在についての理論を構築しようとしている。したがって、これらに関係する言葉を正確に使う必要がある。

そこで、（図1）の（D）の知性の構造と働き方について、次のように表現する。

まず、「人間がリンゴを見て、リンゴの成分は何か？」と考えている場合を例にとる。この場合、考える主体（人間の知性）と考えの対象（リンゴ）から構成されている。これを「考えるという行為の構造」と呼ぶことにする。これを（図２－１）で示した。

一般に、「考えるという行為」の考える主体とは人間の知性で、考えの対象はリンゴとか愛である。考える主体について、その働く仕組みを突き詰めていくと、科学的には脳内の電流・電荷・磁気分布に行き着く。[注1] つまり、考える主体の働きはエネルギーを伴う現象であり、広義の物質[注2]である。このことを、「考える主体は広義の物質である」と表現する。一方、考えの対象はリンゴとか愛であり、物質であるとは限らない。そして、考えの対象を突き詰めると、考えの対象の概念[注3]に行き着く。たとえ、全宇宙の質量を対象にしていても、全宇宙の質量という概念を対象にしている。概念は情報の集合体であり物質ではない。つまり、考えるという行為における考えの対象は、考えの対象の概念であり非物質である。

ここで大事なことは、「考えるという行為における考える主体は、何でも考えの対象にできる」ということである。リンゴや愛でも、(図2－1)の構造でも、さらに(図2－1)の考える主体自身でも対象にできる[注4]。

そこで考える主体が、(図2－1)の考える主体自身の働く仕組みを対象にした場合、「考えるという行為の、考える主体の働き方の構造」と表記すべきであるが、長くなり煩わしいので簡潔に「考える主体の構造」と呼ぶことにする。このように言葉を使い、何を対象にしていのるかを明らかにし、理論を展開する[注5]。

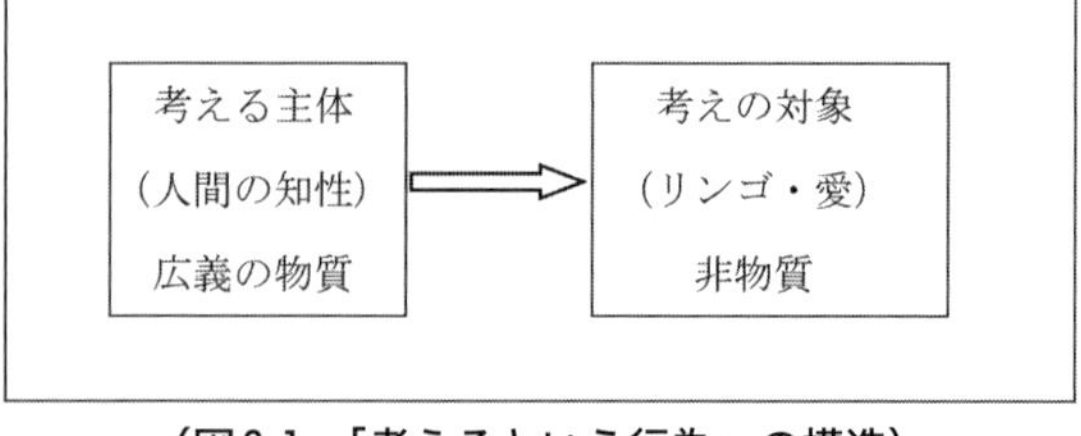

(図2-1 「考えるという行為」の構造)

（注1）人間の五感・感情・知性が、なぜ脳内の電流・電荷・磁気分布に行き着くのかと言うと、現在の物理学を構成している物理量の内、脳内に存在し、考えることと関係している物理量の候補はこれらしかないからである。これらの物理量を伝える細胞としてはニューロンやシナプスがあるが、これらの細胞は電流等の発生・伝達の役割を担っているのであって、これらの細胞自体が五感・感情・知性の原因になるのではない。人工知能ＡＩでは、細胞の役割を電気素子が担い、電流が知能の機能を担っている。これからは、電流・電荷・磁気分布を簡潔に電流分布等と表現することもある。

（注2）考える主体の働き（考えるという行為）は、エネルギーを伴うので、エネルギーと質量の等価性より広義の物質である。つまり、物理学の対象でもある。質量とエネルギーの等価性とは、アインシュタインの創造した特殊相対性理論の結論の一つである。質量（m）とエネルギー（E）は同じものの別の形で、それらの間には（$E = mc^2$）が成立する（cは光速度）。脳内に電流・電荷・磁気分布が生じているということは、それの持つエネルギーが存在しているということであり、（$E = mc^2$）で換算される質量が存在するということである。この質量は電界・磁界のエネルギーという形で存在しているのであって、原子・分子という形ではないので広義の物質と言っている。脳が原子・分子からできていることを言っているのではない。

（注3）人間がリンゴについて考えているときは、リンゴの概念を対象にしているが、リンゴを食

するときはリンゴを構成している物質そのものを対象としている。概念を食しているのではない。

（注４）以後（参１）巻末参照

（注５）ひとつだけ対象にできないものがある。これについては第Ⅱ章第２節で詳しく述べる。

人間が物事を考えるとは、考える主体が、考える主体が取り込んだ考えの対象の概念について考えるということである。したがって、「考えるという行為の構造」と「考える主体の構造」は、考える主体と考えの対象からなるという点では同じ構造をしている。しかし、解明しようとしている対象は異なる。「考えるという行為の構造」の場合は考える主体と考えの対象という構造を対象としている。これから、本理論展開の中核をなす「実在の二重構造」という概念が導きだされる。一方、「考える主体の構造」の場合は、考える主体の働く仕組みを対象としている。これから、本理論の一番深淵な部分である「人間の知性の特徴と限界」が導き出される。以上の内容を整理すると次のようになる。

(1)「考えるという行為の構造」

《考えるという行為の構造》=《考える主体（人間の知性、広義の物質）》

＋《考えの対象（リンゴ・愛等の概念、非物質）》

(2)「考えるという行為の考える主体の働き方の構造」（これを簡潔に「考える主体の構造」と呼ぶ）

《考える主体の構造》＝《作用者の創造と意志の創造》＋《作用》＋《作用結果の受信》

(1)(2)で傍点をつけている部分（考える主体）が同じものである。(2)については第Ⅱ章第2節で詳しく述べる。

✧人間の「知性自身」を考えの対象にする

前項で、考える主体は何でも考えの対象にできると述べた。ここでは、考えの対象が自分の知性以外の場合（a）と、自分の知性自身の場合（b）とを分け（図2－2）のように表記する。考える主体には添え字（X）を、考えの対象には添え字（Y）を付け、主体と対象を明示する。（b）の場合、考える主体も考えの対象も同じものではあるが、考える主体であるときは広義の物質であり、考えの対象であるときには非物質である。

ここまで、感情・知性と言いながら知性の

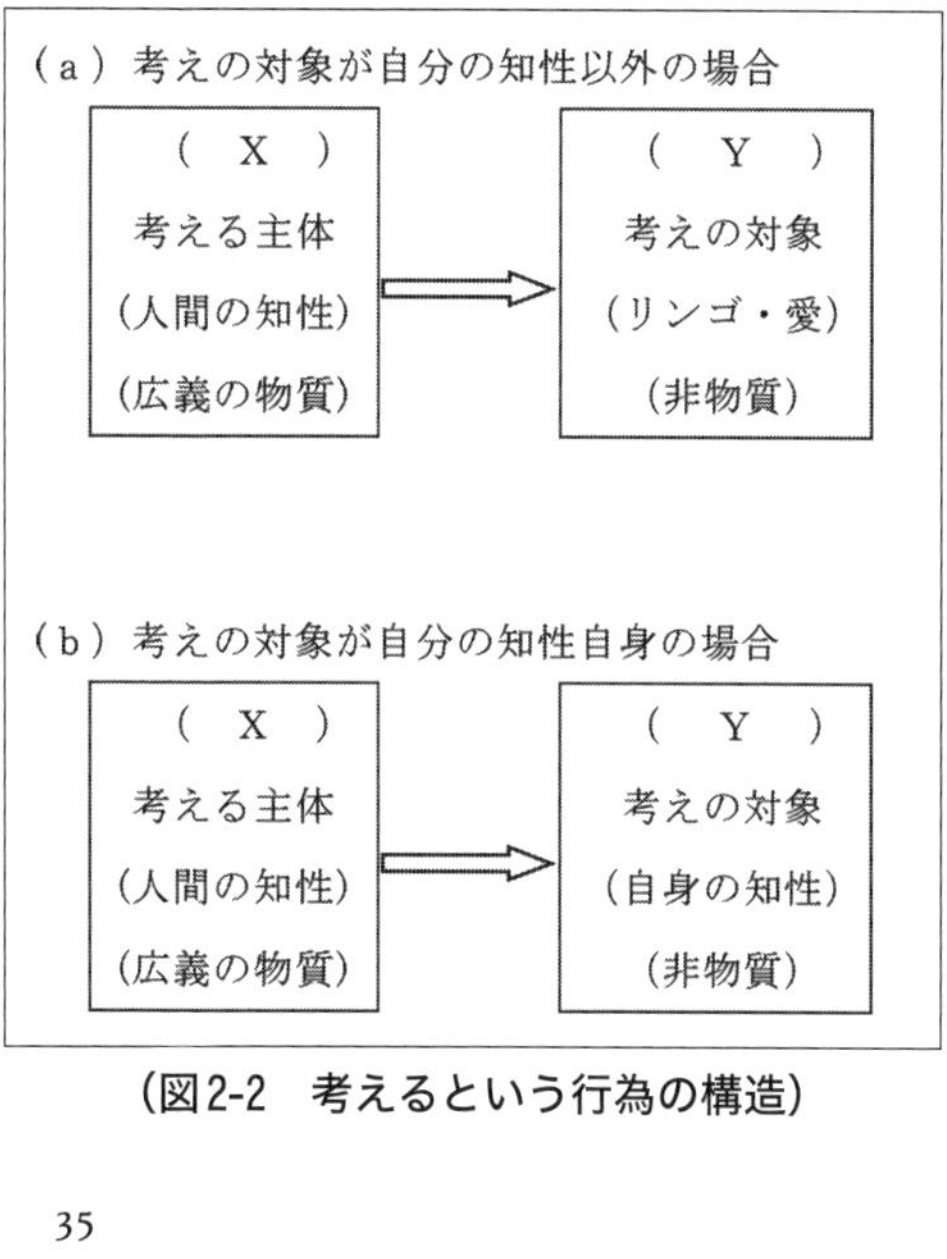

（図2-2　考えるという行為の構造）

みを取り上げているが、感情についても同様の取り扱いができる。例えば、「愛する」という感情は、愛する主体とその愛の対象より構成される。

✧考えるという行為の構造を人間の五感・感情・知性に適用する

（図1）の（D）は考える主体（X）にも、考えの対象（Y）にもなる。そこで、考える主体の場合（D_X）と、考えの対象の場合（D_Y）とを分離する。そして、考える主体（D_X）を（D）から抜き出し、（図2-2）に倣って表記すると（図3）のようになる。（A）・（B）・（C）も考えの対象になっているのでYを添え字として付けた。

この図の説明をする。

(1) これまで説明してきたことから、この図名は「生命の進化と考えるという行為の構造図」としている。

(2) この図において、考える主体とは「（D_X）人間の感情と知性　考える主体（X）」であり、考えの対象とは「考えの対象（Y）」である。（注1）考える主体と対象の関係を、白抜きの矢印③と④で表した。人間の知性と感情を対象にするときは、重複するがあえて④で示した。

(3) この（図3）は、一見（図1）と同じような形をしているが、表す内容はまったく異なる。（図1）は物質世界の現象を表しているのに対して、（図3）は考えるという行為の構造を表している。

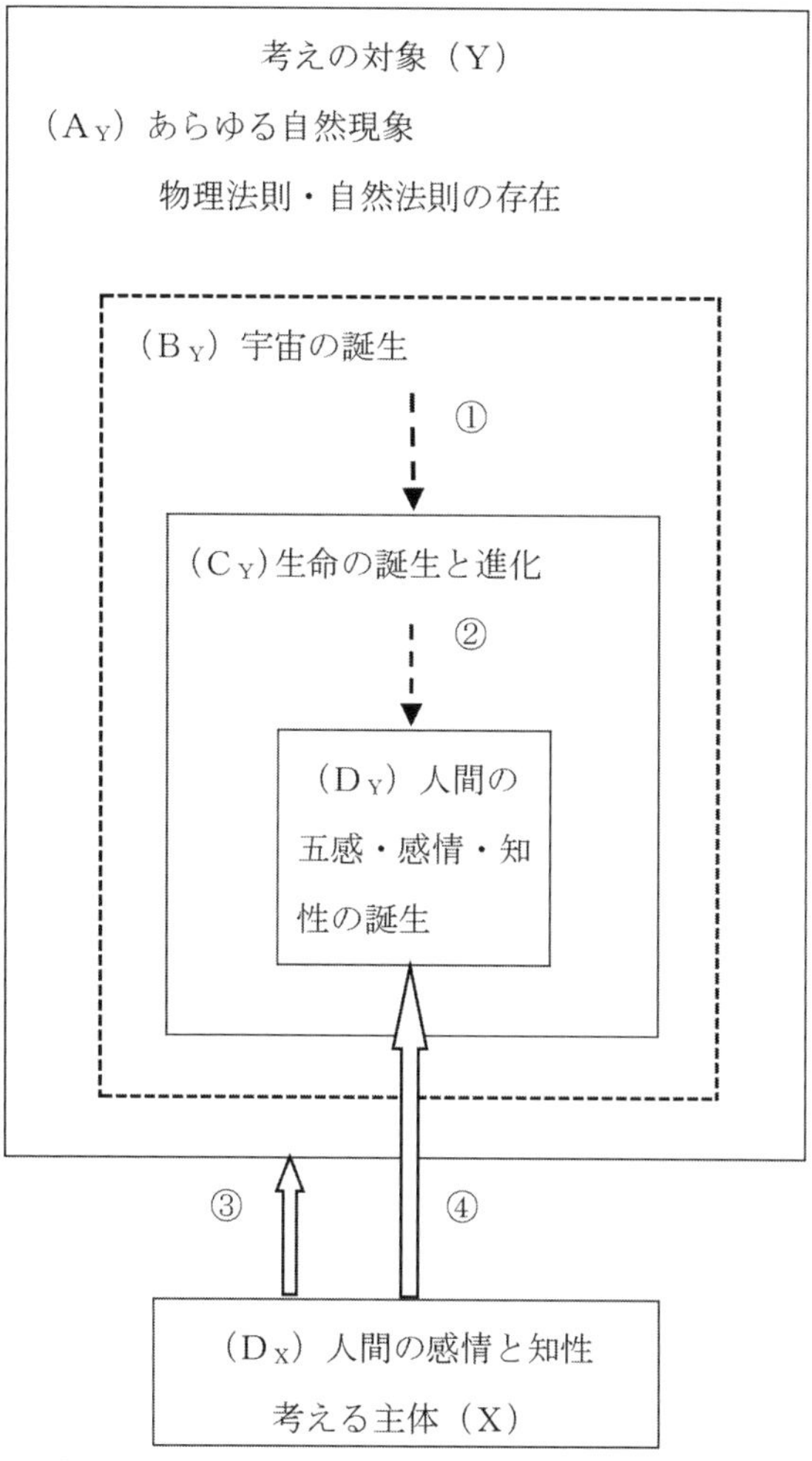

（図３　生命の進化と考えるという行為の構造図）

したがって、この（図3）において、考える主体（X）は広義の物質で、考えの対象（Y）は非物質である。

⑷　白抜きの矢印④の性質を解明し、それにより理論体系を構築することが本書の目的である。これについては、第Ⅱ・Ⅲ章で説明する。またこの矢印④は、人間の知性が人間を対自存在[注2]たらしめる仕組みを表しているとも言える。

（注1）これからは、考える主体である人間の感情と知性を（図3の〈D_X〉や単に（D_X）又は、「精神」「魂」と言うこともある。微妙な違いはあるが、ほとんど同じ意味である。五感・感情・知性はこの並びの順に構造が複雑になっている。五感は情報の受信という構造だけであるが、感情と知性は主体と対象という構造をもっている。そこで、これからの理論展開において、感情と知性を一まとめにして論じるときには「精神」と言うことが多い。さらに知性は第Ⅱ章第2節で説明するように、考える主体自身が構造をもっている。感情と知性はその構造に多少の違いはあるが、連携しながら精神を創り出している。その微妙な枠組みの違いを、「知性」「精神」「考える主体」という言葉により使い分けている。今述べたように、感情と知性は主体と対象という構造をもつのに対して、五感は受信のみでこのような構造をもたない。そこで、（図1）の（D）では五感・感情・知性としていたものを、（図3）では考える主体として感情と知性を抜き出し「（D_X）人間の感情と知性

考える主体（X）」とし、五感を考える主体から外している。
（注2）対自存在・即自存在という言葉がある。対自存在とは、自分に向き合うことのできる存在の仕方のことである。人間の知性（感情も同様）は考える主体と考えの対象に分離でき、知性自身を考えの対象とすることができる。つまり、人間を対自存在たらしめている。このような機能をもたない存在（例えば、石ころ、植物等）を即自存在という。
人工知能ＡＩは、即自存在である。対自存在であるためには、自分の内に考える主体と対象の分離が起こらなければならない。これについては、第Ⅲ章第３節（１１７頁）で詳しく述べる。

第3節　生命への飛躍・人間への飛躍、人工知能AIと人間の五感・感情・知性の違い

✧生命とは何か、人間とは何かを定義する

それでは、（図1）（図3）の矢印②の進化について説明する。第1節で述べたように、人間の五感として受け取る感覚と受信する物理量の関係は物理学の進歩により明らかになった。人間の感覚器官は外からの情報を物理量として受信しているが、その情報が脳に伝わり人間が認識する時には、感覚（視覚・聴覚・触覚・味覚・嗅覚）となっている。[注1] 受信した物理量が脳に伝わり五感が誕生するま

での流れについては次のようになっていると推測できる。外部から入った情報（光・音等、五感に関係する物理量とそのエネルギー）が電気信号として感覚器官から神経を通って脳に伝わり、脳内の電流・電荷・磁気分布に変化を起こす。それを五感の感覚として脳が認識する。ところがこのとき、電流・電荷・磁気分布からいかにして五感の感覚が生じるのか、この感覚誕生の仕組みが物理学では説明できない。(注2) つまり、受信から認識の間に物理的・科学的に説明のできない、物理量から五感（色・音・温度・味・臭い）誕生への「飛躍」が起こっている（これを第1の飛躍と呼ぼう）。

次に感情・知性の誕生である。五感の場合は外からの物理量の受信により誕生しているが、感情・知性の場合は体内から自発的に誕生している。この誕生は本能や生命の維持と関係しているであろうが、直接の原因は五感の場合と同様、脳内に生じた電流・電荷・磁気分布である。ところがこのときも、電流・電荷・磁気分布からいかにして感情・知性が誕生するのか、その仕組みが物理学では説明できない。つまり、感情・知性の誕生についても物理的・科学的(注3)に説明できない「飛躍」が起こっている（これを第2の飛躍と呼ぼう）。

この第1第2の飛躍、つまり「物理量から五感・感情・知性への飛躍が起こるのが動物であり、その現在の頂点が人間である」と人間を定義できる。

第1と第2の飛躍は、物理的・科学的に説明できないということにおいては同じであるが、五感と感情・知性の誕生の仕方の違いより、あえて第1第2と区別した。

ここで、飛躍という言葉を使った意味をもう少し詳しく説明する。物理学は、物体の位置・速度や電流等の物理量を時間の関数として表すという形式で進歩してきた。したがって、脳の働きについて考えるとき、脳内の電流・電荷・磁気分布を時間の関数として表すのが物理学の方法であり守備範囲である。さらに、脳内に、ある電流・電荷・磁気分布が生じたとき、それ固有の感覚・感情・知性が生じているというのを解明するのも物理学や医学の守備範囲である。つまり、情報伝達の仕組みや、五感・感情・知性の誕生と脳内の電流分布等の存在位置の関係を繋ぐのは物理学や医学の守備範囲であり、これらについては明らかになりつつある。しかし、物理量である電流分布等から物理量でない五感・感情・知性が誕生するその仕組みは、現代物理学の守備範囲を超えており明らかになっていない。そこで、このことを飛躍と名付けた。具体例を挙げると、化学では特定の原子配置になったとき、物質としてどのような性質を持つのかについては明らかになっている。例えば、ブドウ糖は($C_6H_{12}O_6$)の化学式で表され原子配置も明らかになっている。そして、それを食すると甘く感じることは明らかである。ところが、物理の場合と同様、その原子配置の物を食するといかにして甘いという感覚が生じるのか、その誕生の仕組みが明らかになっていない。つまり、これまでの自然科学が明らかにしてきた物質世界の法則から、人間の五感・感情・知性が生じる仕組みが説明できない。自然科学の適用範囲と五感・感情・知性が生じる仕組みには隔たりがある。そこで、この隔たりを「飛躍」という言葉にくみ込んで次に進むというわけである。

ここで述べた「飛躍」という概念は、生命の誕生や人間の精神の誕生を物理学・自然科学で理解するという試みの現状を象徴するものである。

第Ⅱ章では、この節での説明とは別の側面から知性の働きを分析し、人間の精神の誕生やその特徴を明らかにする。

（注1）「物理量として受信している」という表現に違和感を覚えられる方があるかもしれない。このことは、本書の「実在の二重構造」と関係しており、現段階ではこう表現するしかない。第Ⅱ章・第Ⅲ章での完成した理論体系の中では正確に表現できる。
また、五感の感覚は我々人間の認識機能が生み出したものであって、人間の認識機能を離れて存在するのではない。例えば、赤いリンゴの赤いという色は、人間の認識があって初めて存在する。人間の認識を離れて赤いという実在があるのではない。第Ⅱ章・第Ⅲ章での完成した理論体系の中ではこの意味もはっきりする。そこまで、ご辛抱いただきたい。
（注2）感覚の誕生が、感覚器官の物理量受信時ではなく、脳内の電流・電荷・磁気分布からであるというのは、次のような例から明らかである。病気や怪我等で脳に障害を受けると、味覚であるとか嗅覚がなくなることがある。もし、物理量受信時に感覚器官で感覚が誕生するなら、脳に情報が届く前に感覚は誕生しているのだから、このようなことは起こらない。
また、人間は寝ているときに夢を見る。感覚の誕生が、感覚器官の物理量受信時であるな

ら、寝ているときに、外部から受信した物理量と無関係な夢を見ることはないであろう。また、人間は「熱い物」に触れた瞬間に手を放す。この条件反射において、外部からの情報は脳に届いていない。そして、このとき、熱いという感覚は生じていない。

（注3）なぜ、物理的・科学的という言葉を使ったのか。五感・感情・知性の原因が、電流・電荷・磁気分布という物理量に帰着されるなら、これらの物理量から五感・感情・知性の誕生が説明できるはずであるが、現在はその手がかりさえ掴めていない。そこで「飛躍」という言葉を使った。もし将来、人工的に感情や知性が創りだせるなら、現在の物理学の延長線上でないかもしれないという思いを科学的という言葉に込めた。ちなみに、現在のAIは完全に物理学の範囲内にある。

（注4）考える主体（D）は、（D_X）と（D_Y）とに分けられる。（D_X）は広義の物質で（D_Y）は物質ではない。広義の物質である電流・電荷・磁気分布は五感・感情・知性を生み出した。第1の飛躍においては、広義の物質から物質的存在でない五感が誕生している。また、感情や知性は、その行為の対象となる概念（非物質）を生み出している。この意味で第1第2の飛躍は、物質が非物質を生み出していると言える。

（注5）本書では、「飛躍」という言葉を物理学で説明できない現象に対して使っている。つまり、五感・感情・知性の誕生は物理学では説明できない。この説明できない現象を、説明できる現象（物理法則の範囲）からの「飛躍」と呼んでいる。本書では物理学により「認識と

実在」の関係を解き明かそうとしているので、五感・感情・知性の誕生に「飛躍」という言葉を適用している。

✧飛躍の内容を、人間の五感・感情・知性と人工知能ＡＩの比較より明らかにする

これまで述べてきた「飛躍」は、ＡＩ内部では起こっていない。つまり、ＡＩ内部に五感・感情・知性は誕生していない。そこで、同じ現象に対するＡＩと人間の受け取り方や行動を比較し、その違いを明らかにする。「赤い夕日を見て家路に就く」という場合を例にとる。

［ＡＩの場合］

ＡＩが赤い夕日を見るという行為は、次のようになっている。電磁波がＡＩのレンズを通して受信機に入り感知器上で実像を作る。そして、その電磁波の振動数を（4.3×10^{14}）（Hz）と特定し、その振動数が赤色に相当すると判定している。夕日の色を赤色と認識する五感への飛躍（第1の飛躍）は起こっていない。そしてその後、ＡＩにプログラムされた情報処理をし、家までの運動をする。ＡＩの内部でそれ以上のことは起こっていない。感情や知性（第2の飛躍）は生じていない。その意味では、自動販売機に500円玉を入れると、ジュースが出てくるという現象を複雑にしただけである。500円玉を入れたとき、自動販売機がお釣りを出しても、ありがとうと音を出しても、自動販売機に知性や感情があるわけではない。

［人間の場合］

これが人間の場合は、夕日の色を電磁波の振動数と認識して受け取るのではなく、赤色という感覚として受け取る。つまり、赤色に対応している振動数の電磁波は物理量であるが、人間が受け取る赤色は物理量ではない。ここで第1の飛躍が起こっている。

次に、夕日を景色として受け取る段階で第2の飛躍である感情・知性が関わっている。ＡＩは景色を物体の配置として受信するだけで、景色として受け取っているのではない。さらに、夕日を見てから家路に就く行動を取る過程を分析すると、家路に就くという行動を選択する際にも、夕日が美しいのでもう少し見ていようとか、家族が心配するから早く帰ろう等の思いを踏まえて次の行動を選択している。つまり、ＡＩや自動販売機のような物理量の処理ではなく、第2の飛躍により誕生した感情・知性により判断している[注]。

以上のように、ＡＩの知能は人間の知性と一見似ているようにみえるが、その内容はまったく異なる。ＡＩには五感も感情・知性も本能もない。その違いを明らかにすることにより、「認識と実在」の本質を解明し人間のアイデンティティを確立することができる。

（注）判断は人間だけでなくＡＩもしているようにみえるが、ＡＩと人間ではその仕方はまったく異なる。このことについては、第Ⅲ章第3節で詳しく述べている。

✧AIの内部・人間の体内を支配している法則の違いとその意味すること、及び飛躍との関係

次に、AIと人間の内部を支配している法則から、AIと人間の違いを明らかにする。

[AIの場合]

AI内部を支配している法則は、既知の法則の内の主に電磁気学と量子力学である。つまり、AIは電磁気学・量子力学の支配の下にある。

AIが複雑なように見えるのは、電子の動きを理解し制御するには複雑であるということであり、AIを支配している法則は主に電磁気学・量子力学のみであり単純である。

[人間の場合]

人間の内部を支配している法則は、人間の外部を支配している法則と同じ、つまり、既知・未知の全法則である。(注)

人間はAIに比べ遥かに複雑な存在である。そも

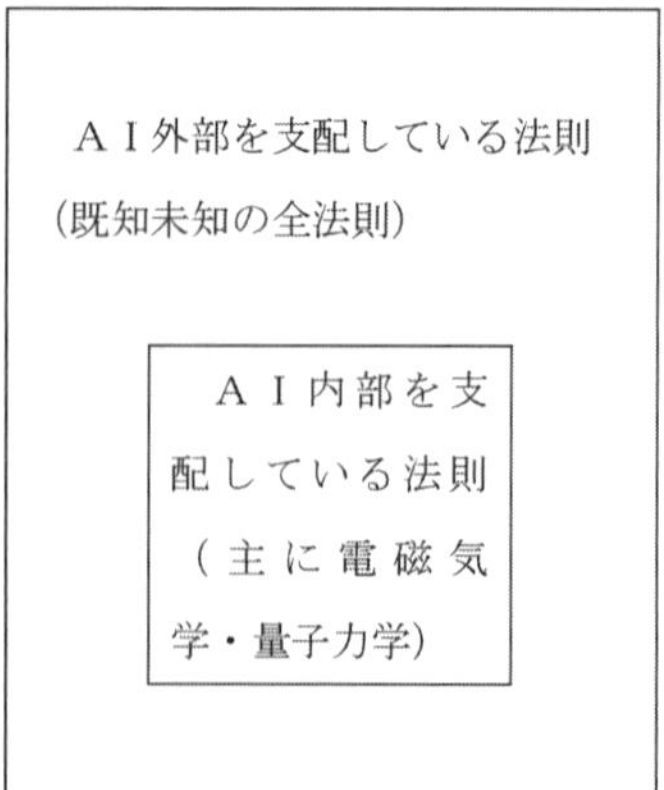

(図4-1　AIの内部と外部を支配している法則)

そも、いかにして生命が誕生したのか、いかにして五感・感情・知性が誕生したのかさえ説明できない。これらは、未知の法則の領域内にある。

進化の過程で誕生した五感・感情・知性は、人間（生物）の内部と外部を支配している法則が同じであるということに対して、次のような役割を果たしている。五感は生命体の体内と体外を仕切るという役割を果たしている。そして感情・知性は本能との連携のもと、その仕切りの内部に主体性を生じさせ対自存在たらしめるという役割を果たしている（この点については、第Ⅲ章第3節で詳しく述べている）。ＡＩの場合は体内と体外を支配している法則が異なるため仕切る必要がない。実際には、人間の形で仕切ったり、犬の形で仕切ったりその用途にあった形で仕切ればいいだけのことである。ＡＩは明らかになった物理法則の範囲内で生命・人間への飛躍なしに存在している。

（注）この考えは、梵我一如という考えや汎神論に繋がる。さらに、物理法則によって生命の誕生や人間の精神が理解できるという考えにも繋がっている。

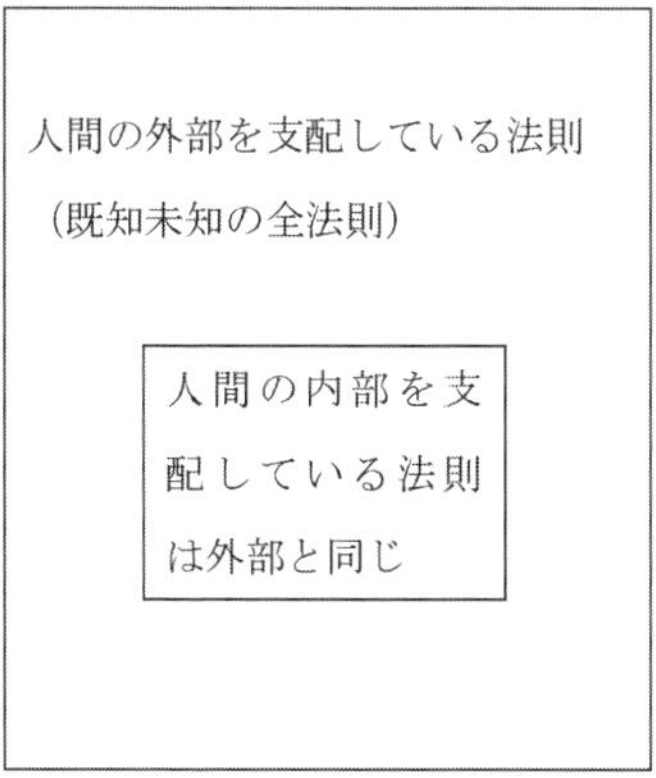

（図4-2　人間の内部と外部を支配している法則）

第II章　実在とは何か

前章で、物理学と人間の五感・感情・知性誕生の分析から人間とは何かを定義した。ここでは、存在するとはどういうことか、つまり「実在」とは何かを明らかにする。(注)

人類は誕生以来、真の実在とは何かを探究してきた。このとき、探究の武器は人間の知性であり、探究の対象はほとんどの場合、人間の知性以外であった。しかし本書では、人間の知性の働き、つまり、考えるという行為自身を探究の出発点にとり、「実在とは何か」を明らかにする。

従来の実在論には、「物質」を根源的存在とした「唯物論」と、「精神」を根源的存在とした「観念論」がある。しかし、この二つの実在論には決定的矛盾が存在し、統合されることはなかった。そのため、西洋哲学は「物質と精神」の二元論の上に思想を構築してきた。本書では出発点を人間の知性の働き方に取ることにより、唯物論と観念論の矛盾を解決し、新しい科学的実在論を構築する。

本章では、人間の「考えるという行為」と「考える主体」の分析から、「認識と実在」の関係、人間の知性の「特徴と限界」を明らかにし、科学的実在論構築の基礎の部分を確立する。

(注)「実存」と「実在」という言葉を本書では次のように使い分けている。一般的には、実存は

現実存在を略した言葉で、本質存在に対する表現に使われている。また、自己の存在に関心をもちつつ存在する人間の主体的な在り方に使われている。一方、実在という言葉は、感覚や意識から独立して存在するものとか、現象世界の背後にある不変の実体を意味するときに使われている。

本書では、実在という言葉を、幻ではなく現実に存在するという意味に使っている。また、人間の在り方・生き方以前の存在という意味で、実存ではなく実在という表現をしている。

第1節　「人間にとっての実在」「原実在」とは何か

前章で説明したように人間の考えるという行為を分析し、考える主体とその対象に分けると、考える主体は広義の物質であり、考えの対象は非物質である。たとえ、目の前にあるリンゴのことを考えていてもリンゴの概念について考えているのであり、考えの対象は非物質である。

ここで、人間が五感・感情・知性で捉え、存在すると認識しているものを「人間にとっての実在」と定義する。そうすると「人間にとっての実在」とは、考える主体（図3の〈D_X〉）が存在すると考えている考えの対象の概念（Y）である。つまり、対象そのものではなく人間が創り上げた概念を実在すると認識している。さらに「人間にとっての実在」の元にある対象そのものを「原実在」と定義する。そして、「人間にとっての実在」と「原実在」の関係を「実在の二重構造」と呼ぶことにする。

前章で説明した「飛躍」という概念と、この「実在の二重構造」という概念が本論展開の両輪である。その展開の方向を決めているのが、次節で説明する「人間の知性の特徴と限界」と「人間の精神は原実在の中に存在する」という事実である。

✧「人間にとっての実在」の次元

考える主体（D_X）が認識したものが「人間にとっての実在」であると定義した。そうすると「リンゴ」と「愛」は、どちらも「人間にとっての実在」であるということになる。

我々は経験的には、唯物論の「真の存在は物質のみで精神はそれに付随する現象である」というような考えをもちがちである。そして、その根底には、次のような考えがある。「リンゴ」の場合、考える主体が、たとえリンゴという概念を取り扱っていても、その概念を取り扱う前に物質は厳として存在している(参2)という事実がある。その上でリンゴという概念を取り扱っているのであって、物質として存在していない「愛」とは同じ実在とは言えない。

そこでここでは、考えの対象(注)が、物質か非物質か、物質との関係やその存在する時間的な長さの差から、人間にとっての実在に「次元」という概念を導入する。そうすると定義からは、「リンゴ」と「愛」は同じ人間にとっての実在ではあるのだが、区別することもできる。この点について、例を挙げながら次に述べる。

鴨長明の『方丈記』の出だしは次のようである。「ゆく川の流れは絶えずして、しかももとの水にあらず。淀みに浮かぶうたかたは、かつ消えかつ結びて、久しくとどまりたるためしなし。……朝に死し、夕に生まるるならひ、ただ水の泡にぞ似たりける」

これは人生の儚さをうたった文として有名であるが、この内容を本論のテーマである「実在」という観点から見てみよう。ここまで、唯物論と異なる実在の定義をしてきたが、まず唯物論の「真の実在は物質のみ」というところを起点として『方丈記』の内容を検討する。そうすると、この場合の真の実在は川の水そのものである。そうすれば、川に浮かぶうたかた（泡）は次のように考えられる。川に泡が「ある」のと「ない」のでは人間の認識としては明らかな違いがあり、泡が「ある」と（D_X）が認識しているのだから、泡は人間にとっては真の実在の配置によって創り出された実在であると言える。つまり、この物質の配置も人間にとっては一つの実在の形（次元の異なる実在）と考えられる。そこで、本理論では物質そのもの（この場合は水）を第1次の実在、その配置による存在を第2次の実在（この場合は泡）と定義する。これらは、実在の次元こそ違え、明らかな「人間にとっての実在」である。第1次の実在は永久にあるようにみえるが、第2次の実在は存在の時間が短く儚さを伴う[参3]。ちなみに、時間・空間は第1次以前の第0次とでも言うべき実在である。

別の例を挙げるとさらに分かりやすい。一個のリンゴがあるとしよう。このリンゴをリンゴのままにしておくのと、原子にまで分解した状態を比べると、人間にとっては第1次の実在は同じであるが、第2次の実在は異なる。もう一つ例を挙げる。ミケランジェロのダビデ像がある。このダビデ像を、そのままにしておくのと、砂（原子）にまで分解した状態を比べると、人間にとっては第1次の実在は同じであるが、第2次の実在は異なる。このように、第2次の実在とは原子の配置にその存在を認めるということである。

次に、第3次の実在について説明する。先ほどのリンゴとダビデ像の違いについて考える。リンゴとダビデ像について、そのままの状態と原子にまで分解した二つの状態について、リンゴを食する人間とナメクジの場合の捉え方を比較すると、第3次の実在の意味が明確になる。ナメクジには感覚はあるが感情・知性はない。このナメクジにとっては、リンゴのまま存在するリンゴと、原子にまで分解したリンゴとでは食えるか食えないかの決定的な違いがあるが、ダビデ像と砂になったダビデ像は同じ存在でしかない。ところが人間にとっては、リンゴの場合はナメクジと同じであるが、ダビデ像の場合は異なる。人間はダビデ像の中に大理石やその形の美しさを見いだしたり、精神的なものの象徴としての意味を見いだしたりする。つまり、ダビデ像は人間の感情と知性によってその存在の意味（価値）が創造されている。このように、人間の感情・知性によって創造される実在を第3次の実在と定義する。第3次の実在は物質ではない。

以上の内容を表にすると解りやすい。

（表１　「人間にとっての実在の次元」の内容と認識、及びその認知）

実在の次元	次元の内容と認識、その例	人間	ナメクジ
第１次の実在	物質が存在するかしないかを認識できるか。（例：リンゴが「ある」か「ない」かを認識できるか）	○	○
第２次の実在	原子配置の違いを認識できるか。（例：リンゴのままのリンゴと、原子にまで分解したリンゴの違いを認識できるか）	○	○
第３次の実在	物質を超えた概念を創造できるか。（例：ダビデ像のままのダビデ像と砂にまで分解したダビデ像の違いを認識できるか。つまり、ダビデ像の中に美しさや象徴的な意味を見いだせるか）	○	×

☆○印は認識できること、×印はできないことを表している。
☆人間とナメクジでは、同じ認識できると言っても認識の深さに差があるが、できるかできないかを表記している。

（参2） 巻末参照

（注）「考えるという行為の対象」と言った場合の対象は、対象の概念であり非物質である（図2−2参照）。しかし「考えの対象」と言った場合の対象は、対象そのものを指しており非物質とは限らない。リンゴは物質で、愛は物質ではない（34頁　注5）《考えるという行為の構造》と《考える主体の構造》参照。

（参3） 巻末参照

✧「人間にとっての実在」という表現の意味

ここまで述べてきたリンゴとダビデ像の例から、人間にとっての第1・2次の実在は、ナメクジにとっても生死に関係する意味のあることではあるのだが、ナメクジがこの人間にとっての第1・2次の実在について、人間と同じように認識することはない（ナメクジには人間のような五官や感情・知性はないので）。つまり、人間の五感・感情・知性があって初めて人間にとっての第1・2次の実在が認識されるのであって、人間とは異なる感覚器官を持っているナメクジは、人間にとっての第1・2次の実在について人間とは異なるナメクジにとっての実在として認識している。このことを強調するために「人間にとっての実在」という表現をしている。以上の内容を象徴的に表現すると「ringoをリンゴと認識する人間の認識機能があって初めてringoはリンゴになる」となる。（注）

第3次の実在は、人間の感情・知性の創造物であり、人間の感情・知性があって初めて存在する。

第3次の実在はナメクジには存在しない。

（注）原実在をローマ字書き、人間にとっての実在をカタカナ書きし区別している。今後、原則として、原実在はローマ字書きで、人間にとっての実在は漢字・ひらがな・カタカナ書きで表記する。ローマ字書きで紛らわしいものについてはルビを振る。

✧第3次の実在の性質

第3次の実在を定義した。次に、万有引力を例にとりその性質を明らかにする。ダビデ像も万有引力も人間の創造物であり、（D_X）が認識した「人間にとっての実在」である。ダビデ像がミケランジェロにより創造されたように、万有引力の法則はニュートンにより創造された。万有引力の法則はニュートンにより発見されたのではなく、創造されたのだ。（注）なぜかと言うと、万有引力に関係する現象として、物体を手放すと落下するとか、太陽の周りを地球が公転しているという事実があり、それをうまく説明するために万有引力の法則という概念を創造したのだ。物体を手放すと物体は落下するという事実に対して、アリストテレスは「物体は下があるべき位置だから落下する」と説明した。「あるべき位置」という概念を創造したのはアリストテレスであって、今ではあるべき位置などという概念はない。同じ現象を見て、ニュートンは万有引力という概念を創造した。それは、簡潔で美しく適用範囲が広いので、現在においても大多数の人にとっては実在である。ところが、この概念は今では現象を完全に説明できるとは言えない。近似的に成立するとしか言えない。今では、この落下の現象については一般相対性理論の時空の歪みによって完璧に説明できる。したがって、一般相対性理論を理解している人からみれば、万有引力は実在ではなく時空の歪みこそが実在であると認識するだろう。また、素粒子論に精通している人からみれば、同じ現象に対して重力子の交換こそが実在であると認識するだろう。そして、いつの日か空間の歪みや重力子を超える理論ができて、これらが万有引力と同じ扱いになる日が来るかもしれない。

それでは、我々は実在ではないものを実在と認識していたのかというとそうではない。我々が今認識しているものこそが「人間にとっての（認識できる唯一の）実在」なのだ。「人間にとっての実在」は人間の五感・感情・知性の創造物なのだ。第1・2次の実在は主に五感から得た情報によって創造されているのに対し、第3次の実在は人間の感情と知性により創造されている。

（注）これまでの実在の捉え方では発見になるが、本理論では創造になる。知性と同様に、感情・五感もそれぞれが捉える実在を創造している。

感覚器官があるということは、感覚が、その感覚により認識する世界を創造していると言える。一つ仮想の例を挙げる。もし、人間が視覚を持たないで進化したとしよう。その場合、視覚なしに進化した人間を取り巻くshizen《自然》は、視覚を持って進化した人間を取り巻くshizenと変わりはない。ところがこの場合、視覚を持たないで進化した人間は、視覚を持っている人間が捉えている自然像から視覚で捉えた世界が欠落した自然像をもつであろう（視覚が感情や知性を育てるという部分は無視する）。このことから逆に「視覚は視覚で捉える世界を創造している」と言える。つまり、我々の五感・感情・知性は、それの捉える自然や世界を創造している。

第2節　実在の二重構造（人間にとっての実在と原実在の関係）

これまで実在という言葉を使うとき、「人間にとっての実在」というように実在の前に「人間にとっての」という言葉をつけてきた。それは、人間には人間にとっての実在があるようにナメクジにはナメクジにとっての実在がある、ということを強調するためである。リンゴを例にとり考えると、人間がリンゴと認識するその元になる存在をringoとすると、人間は人間の認識能力（五感・感情・知性）を使ってリンゴと認識するし、ナメクジはナメクジの認識能力を使ってナメクジにとってのリンゴと認識するであろうし、ゴキブリにとってもネズミにとっても同様のことが言える。そこで第一節では、それぞれの生物がそれぞれの認識能力でもって認識するその元になる対象（存在）、この場合はringoを「原実在」と定義した。(注1) そうすると、すべての生物はそれぞれの認識能力を用いて原実在に接するのであるから、生物の数（認識能力の数）だけそれぞれにとっての実在が存在することになる。そして、それぞれの生物が実在すると認識するものは、その対象を認識する能力と行為の影響を受けており、原実在そのものではない。(注2) これが第1節で述べた「実在の二重構造」で本論を貫く基礎概念である。この点について次に述べる。

(注1) 前節で述べたように、ローマ字書きのringo《リンゴ》は原実在を、カタカナ書きのリンゴは人間にとっての実在であることを示している。

(注2) 生物の数だけそれぞれにとっての実在が存在することは、容易に想像できる。例えば、人間の認識しているringoと、ナメクジが認識しているringoとは随分差があるだろう。我々は、人間こそが進化の最終形であり、自分の捉えている世界こそが実在であると考えがちである。しかし、進化の過程を考えてみれば、現在の人間が進化の最終形であるはずがない。

✧「原実在」存在の確かさ

「原実在」そのものを認識することはできない。しかし「原実在」が存在することは確かである。このことについて述べる。宇宙・生命の誕生から人間の五感・精神（感情と知性）の誕生までを振り返ってみる。宇宙の誕生であるビッグバン直後に、人間の「魂」が存在していたなどとは考えられない。したがって、宇宙が誕生し、生命が誕生し、その後に人間の五感・精神が誕生したと考えられるから、まず我々が物質と捉えているものの存在が五感・精神と捉えているものの存在よりも時間的に先にあるのは間違いない。(注) そして、五感・精神と捉えているものが、この物質と捉えているものから誕生したのも間違いない。ここで傍点を付けている部分が原実在である。

（注）傍点部は、busshitsu《物質》とgokan《五感》・seishin《精神》のことである。原実在を、人間にとっての第1・2次の実在や五感・精神として、人間は認識する。gokan・seishinも原実在に属する。この点が、これまでの実在論になかった重要な点である。これについては後に述べる。ここでは、感情と知性を合わせて精神と呼んでいる。

✧「原実在」を人間が認識したものが「人間にとっての実在」

これまで述べてきたことから考えると、（図1）（図3）は、「原実在」と「人間にとっての実在」の認識のないときの進化図であった。宇宙が誕生し、生命が誕生し、その後人間の五感・精神が誕生した進化は「原実在」の中での進化である。この項では、これをローマ字書きし原実在であることを明確に表記する。その後、考えるという行為の分析により（図1）から（図3）へ移ったように、考える主体と考えの対象を分離する。

まず（図1）から今後の展開に必要な部分を抜き出すと（図5−1）のようになる。

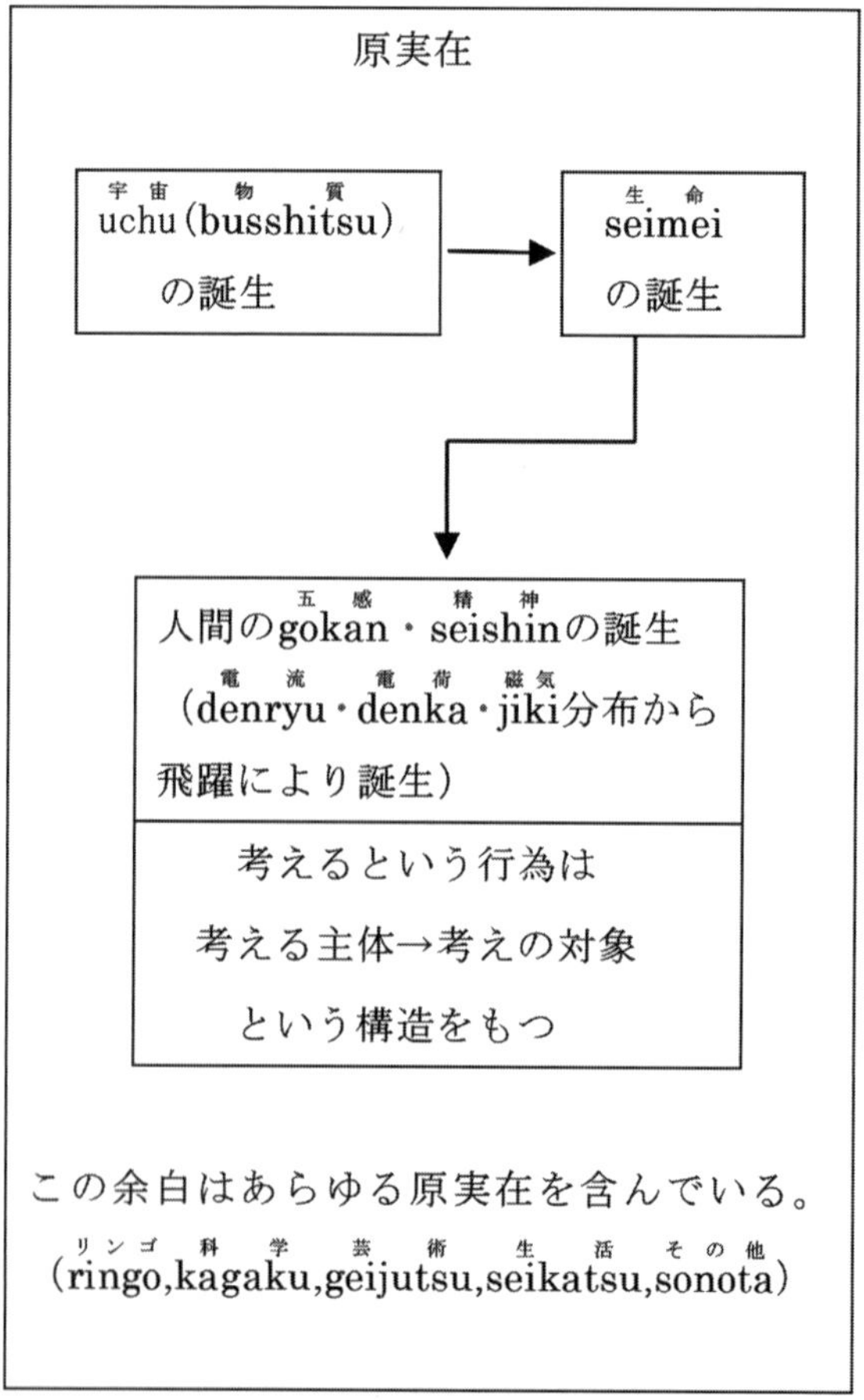

(図5-1　原実在内での進化図)

この図は、原実在の中でuchu《宇宙》（busshitsu《物質》）の誕生の後にseimei《生命》が誕生し、その後人間のgokan《五感》・seishin《精神》が誕生するまでの進化を表している。そして、「人間のgokan・seishinは原実在の中にある」。

ここで、考える主体である人間のseishinは、この（図5－1）自体を考えの対象にすることができる。そこで、（図1）から（図3）へ書き換えたように（図5－1）を書き換えると（図5－2）のようになる。

（図5－2）について説明する。

⑴　busshitsuより誕生した原実在である人間のseishinは、考える主体にも考えの対象にもなり得る。考える主体である（図5－1）のseishinが、（図5－1）自体を考えの対象にしたとき、（図5－1）は（図5－2）の「人間にとっての実在（Y）」として認識される。このことを（図5－2）は示している。

⑵　（図5－1）は原実在内での進化であり、人間のgokan, seishinは原実在内にある。前に第Ⅰ章第2節で説明したように、seishinの考えるという行為は考える主体と考えの対象という構造をもつがgokanはもたない。そこで（図5－2）では、考える主体として「人間のseishin考える主体（X）」のみを抜き出している。そして、gokan自身、及びgokanの捉えたものは人間にとっての実在になる。（図5－2）の、人間にとっての実在（Y）の考えの対象（Y）の中に

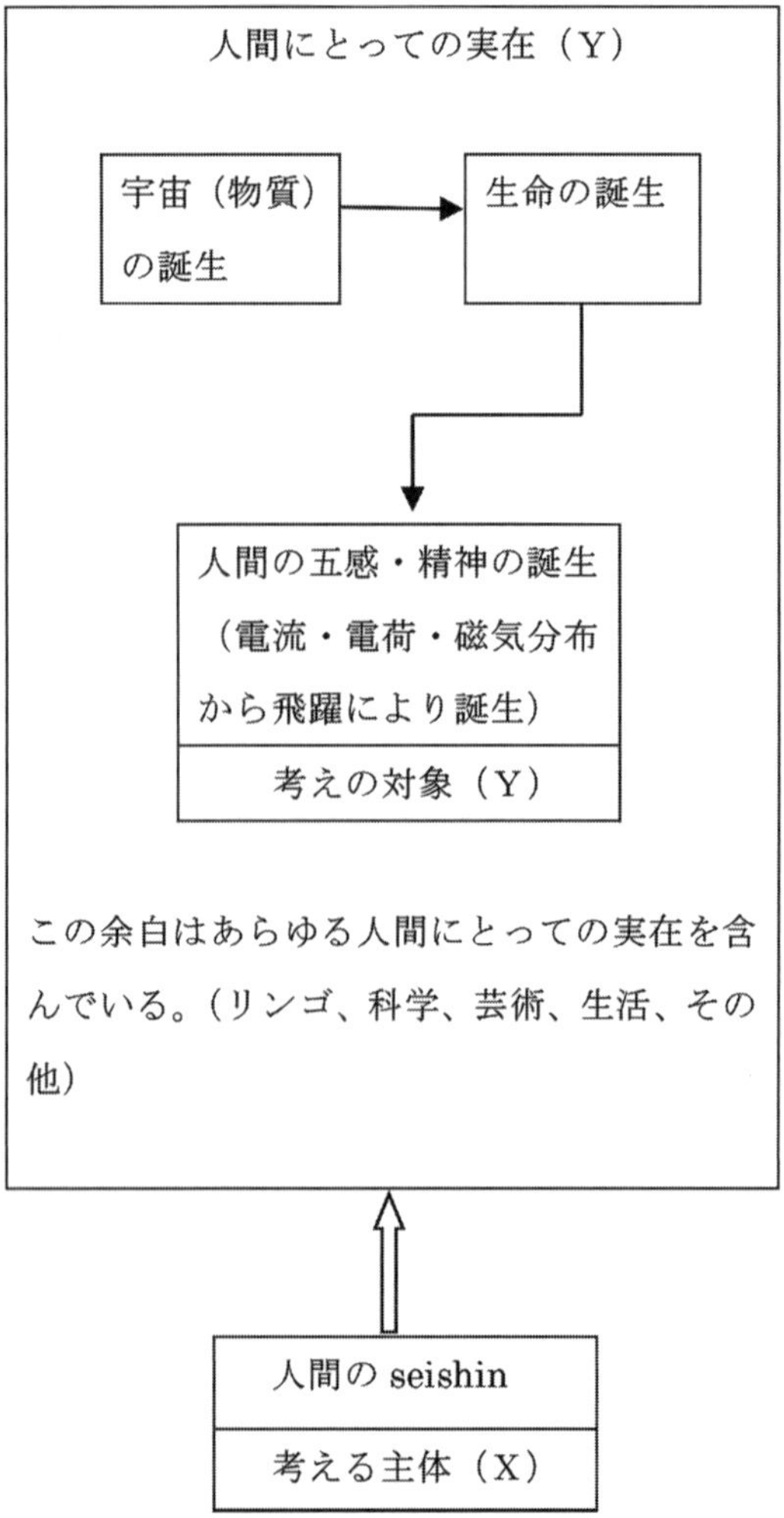

（図5-2　生命の進化と考えるという行為の構造図）

（「原実在」と「人間にとっての実在」分離形）

五感が入っていて、「人間のseishin考える主体（X）」の中にgokanが入っていないのはこのためである。

(3)　本論の中心的テーマは、認識と実在の関係を明らかにし、その理論体系を構築することにある。（図5－2）では、感情と知性が、考える主体と対象という共通の構造をもつためこれらを分離せず、考える主体を精神（感情と知性の和）とした。(注)

（注）seishin《精神》は、kanjo《感情》とchisei《知性》の合わさったものと定義している。kanjoとchiseiは別々の構造をもっているが、この二つの相互作用により一つのseishinを創り出している。

次々項で「考えるという行為の考える主体の働き方」を明らかにし、理論を展開していく。したがって、明らかにする対象はchiseiの構造である。このとき、kanjoとchiseiを区別する必要があるか、又はseishinをこれらの相互作用と考えるかによってchiseiと表現したりseishinと表現したりする。

✧知性の特徴と限界（その1）

人間が、原実在そのものを認識することのないことは、人間とナメクジの例を用いて説明した。このことは、（図5－1）において誕生した「人間のseishin」は、（図5－1）の原実在を（図5－2）の「人間にとっての実在（Y）」として認識するということであり、（図5－1）の原実在そのものを認識しているのではないということである。

これまで我々人間は、実在を「人間にとっての実在」のみの一重構造で理解してきた。人間とナメクジの実在が異なるのは、ナメクジの認識が未熟なためであり、進化の頂点にいる人間の認識しているように自然は存在していると考えがちである。今の人間の状態が進化の最終形ではないことは頭で理解はしていても、実在の二重構造という理解がなければ、人間の認識しているように自然[注1]は存在していると思ってしまう。まして、人間の知性の特徴と限界に注意を向けることはないであろう。

そこで次に、物理実験の例を用いて、人間が捉えられるのは「人間にとっての実在」のみで、原理的に「原実在」そのものは捉えられないということの意味を明らかにする。人間とナメクジの進化の差から考えるのと結論は同じではあるが、より認識の仕組みが明らかになる。

物理学において、あるものの存在やその性質を調べるには、その対象になんらかの働きかけをして、その反応から判断する。例えば、原子の構造を調べるには、原子に陽子等の素粒子を衝突させ、その反応の仕方により解明する。今後、この実験のことを原子構造探究実験[注2]と呼ぶことにする。

このとき、我々が知りうる情報には次の限界がある。

(1) 原子に衝突させる粒子の持っている性質（原子と反応する性質）しか原子について知ることはできない。例えば、原子に陽子と中性子を衝突させる場合を比較すると、陽子を衝突させる場合は、陽子は正の電荷をもっているので電荷の衝突に対する原子の反応を知ることはできるが、中性子を衝突させる場合は、中性子は電荷をもっていないので電荷に対する反応を知ることはできない。

(2) 知り得た結果は、衝突させるという行為の影響を受けている。また、知り得る精度には限界がある。（相対性理論[参9]と不確定性原理[参4]に関係）

以上のことから、我々が知り得るのは原子そのものではなく、我々が知ろうとする原子の性質に限られ、その知ろうとする行為の影響を受けた原子であると言える。

同様のことが、これまで述べてきた人間が物事を認識する行為についても言える。認識する対象に対して働きかけを行い、その反応から対象の存在やその性質を認識している。人間の場合、この認識するための働きかけの種類とは、五感・感情・知性のことである。原子構造探究実験からの類推により次のことが言える[注3]。

(1) 人間の五感・感情・知性と反応するものは認識できるが、反応しないものについては知ることができない。

(2) 人間は「認識するという行為」の影響を受けた結果しか知ることはできない。

⑵については抽象的な表現であるが、例えばリンゴについて、リンゴはどんな形をしているかという問いを対象（自らの頭の中にあるリンゴの概念）に対して投げかける。そうすると、問おうが問うまいがリンゴの形に対する概念は存在しているが、問うという行為により、自らの頭の中で答（球形であるとかへたがあるとか）を準備する。その答を準備するという行為により元々あった概念が影響を受ける。

以上のように、人間の認識する「人間にとっての実在」とは、「原実在」そのものではなく、人間が認識できるものに限られ、その認識しようとする行為の影響を受けていると言える。

要約すると、人間の認識を超えた原実在（ringo, busshitsu等々）は存在する。その原実在は、人間のそれを捉えようという機能と行為によって、人間にとっての実在（リンゴ、物質等々）として認識される。そして、その認識機能と認識行為の影響を受けた結果しか人間は知り得ない。つまり、原実在そのものを人間は原理的[注4]に知ることはできない。これが第1番目の、人間の知性の特徴であり限界である。

五官で捉えるというのは、可視光線等の物理量と人間の感覚器官の相互作用であるから、物質間の反応であり、原子構造探究実験で述べたことがそのまま成立する。ただ、原子構造探究実験の場合は、原子に衝突させる（ぶつける）粒子を意図的に変えられる。五官の場合は物理量の受信のみであるが認識の仕組みは変わらない。

一方、考えるという行為（知性）の場合は、対象に対して質問をぶつけて[注5]、その反応から対象の性質を判断しているのであるから、発問が原子構造探究実験の陽子・中性子に相当している。原子構造探究実験の場合は物質間、考えるという行為の場合は非物質（概念）間の相互作用という違いはあるが、両者は同じ構造をしており、類推が成立すると考えられる。(参5)

原子構造探究実験における陽子か中性子かというのは、考えるという行為においては、どのような質問をするのかということであるが、この質問内容とその創造に人間の知性の特徴と限界が表れる。(参6)

（注1）ここでは自然と言っているが、精神も含め世界と言うと対象の範囲は広くなる。

（注2）実際にラザフォードは、金原子にα粒子（ヘリウムの原子核）を衝突させて原子の構造を調べ原子の有核模型として1911年に発表した。

（参4）（参9）巻末参照

（注3）ここでは、「人間の認識する」という行為について、認識する主体の対象への働きかけと対象の反応について考えているのであり、これは人間の概念を創る行為である。そして、創り上げた概念は、言うまでもなく人間にとっての実在である。

（注4）原理的と表現しているのは、原子構造探究実験の例で示した仕組みを表している。つまり、反応するものしか認識できないということと、知りうる精度には限界があるという不確定性原理の内容を指している。

（注5）粒子間の場合は「衝突させる」、概念間の場合は「ぶつける」「投げかける」又は「作用さ

せる」と表現する。

（参5）巻末参照

（参6）巻末参照

✧知性の特徴と限界（その2）

ここで、これまでにも触れてきた「考えるという行為の考える主体の働き方」は、考えの対象にはならない。つまり「人間にとっての実在にはならない」という内容を厳密に表現し、究極の知性の特徴と限界について述べる。

傍点部の内容は、感覚的にもぼんやりとは実感できる。自分自身の頭の中の考えるという行為の「考える主体自身」(注1)に注意を向けてもらいたい。我々は、この考える主体の働き方を突き止めようとして、ものを考えている時の自分自身の頭の中の「考える主体自身」に注意を向けた瞬間、頭の中から考えの対象としての「考える主体自身」は消え去り、考える主体としての意識のみが残る。つまり、考えるという行為の「考える主体自身」を考えの対象にはできない。考えるという行為の分析はできても、「考える主体自身」を考えの対象にすることはできない。これが第2番目の人間の知性の特徴と限界である。そこで、このことを感覚的に捉えるだけでなく、原子構造探究実験と考えるという行為の構造を比較し、両者の構造上の共通性から考えるという行為の深奥の部分を理解しようというわけである。

（注1）73頁で説明している。

まず、陽子を原子に衝突させる原子構造探究実験と、リンゴとはどのような物かと考えている場合を例に取り、考えるという行為の構造を明らかにする。

【原子構造探究実験の場合】

原子構造探究実験の構成要素と実験の構造を示す。

この実験について次のようなことが言える。

(1)　この例では、衝突させる対象を原子としているが、陽子は原子だけでなく、陽子と反応する物なら何にでも衝突させることができる。

ただし、当該陽子Aを放出した陽子銃と、放出された陽子A自身にだけは衝突させることはできない。

（放出された陽子Aを、同じ陽子銃から時間的に前に放出された陽子Bに衝突させることはできる）

(2)　同じ対象に対して、陽子の初速度・衝突回数や時間間隔等を変えて何回でも衝突させることができる。

（ア）陽子を原子に衝突させ原子構造を調べる

調べる作用者の創造と意志の創造：

陽子の創造と陽子銃の創造

調べる作用者：陽子

調べる対象：原子

調べる作用：陽子を原子に衝突させるという作用

調べた結果：ほとんどの陽子は原子を突き抜けるが、中には大きくはじき飛ばされる陽子がある（原子には正の電気を持った重く堅い芯がある）

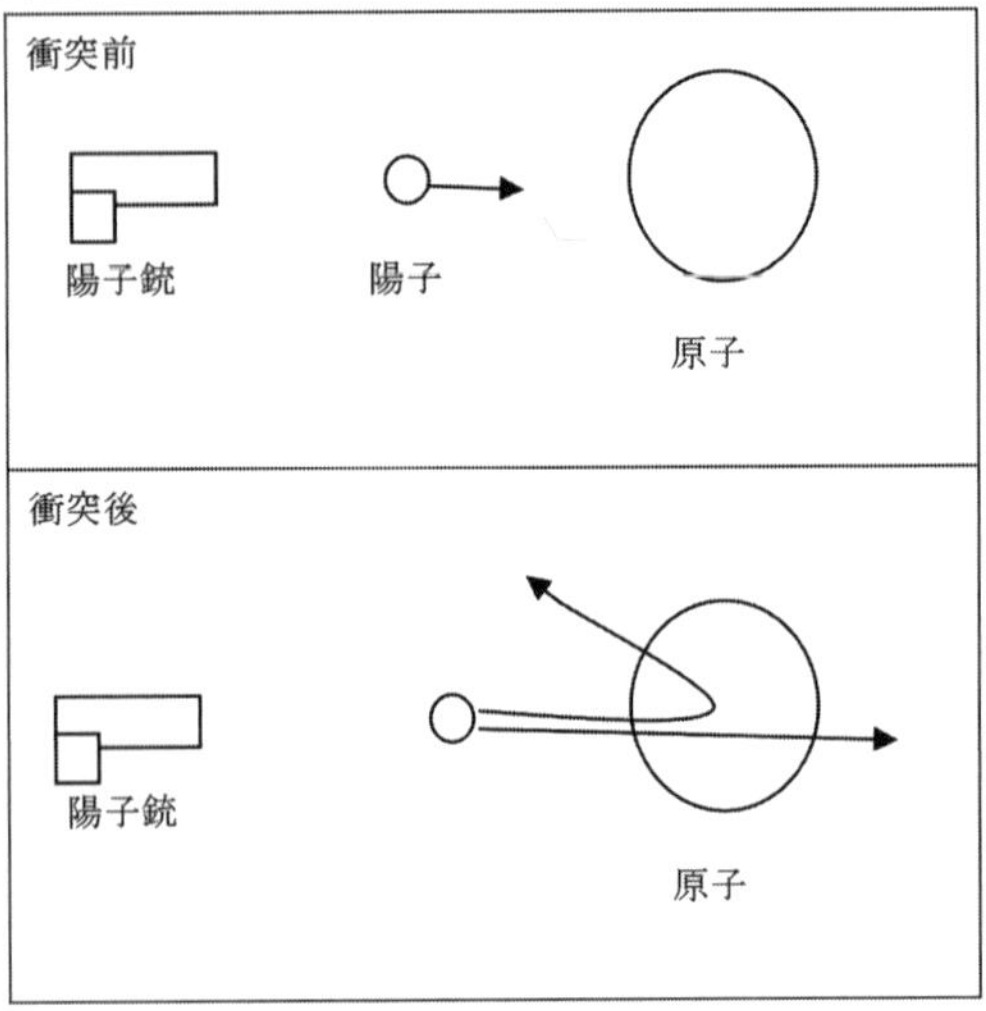

（図6-1　原子構造探究実験の構造図）

というような性質がある。

[考えるという行為の場合]

これまで、考えるという行為は、考える主体（X）と考えの対象（Y）という構造をもつことを明らかにし、それにより（図3）（図5－2）を導き理論を展開してきた。ここではさらに、（図5－2）の「人間のseishin《精神》（考える主体〈X〉）」を分解し、その働き方の構造を明らかにする（「考える主体」とは、詳しくは「考えるという行為の考える主体」であるが、煩雑になるのでこのように表記している）。

考える主体の働きは、対象に対する作用（働きかけ）と、その作用を行う作用者の創造及び作用させようとする意志の創造と、作用結果を受信するという三つの部分に分解することができる（注2）。

一つ目の対象に対する作用とは、対象に質問（作用者）をぶつけること、つまり生物か無生物か、動物か植物か、形はどうかに始まり、自然法則・三段論法・帰納法・演繹法・数学の四則等を用いた質問を対象に適用することを指す。対象の概念を創ろうとしてchiseiが考え出した質問を対象にぶつけるという作用である。

二つ目の、作用者（質問）の創造とは、生物か無生物かに始まり自然法則や三段論法等の作用者を創造する（質問を考え出す）ことを指し、意志の創造とは、それらの質問を対象にぶつけ（対象の概念を創造し）ようとする意志の創造である。

三つ目の受信は、対象に作用させた結果の受信である。

以上の三つの部分の中で受信の行為は明らかであるが、最初の二つを言葉で明確に区別し表現することが人間の知性の特徴と限界を解明するのに必要である。

「考える主体の働き方」を構成要素に分解した。これが、(34頁　注5)で予告した「考える主体の働き方の構造」である。ここでも、これを簡潔に「考える主体の構造」と表現する。

そうすると、以上述べた「考える主体の働き方の構造」を構成する三つの部分を次のように表現できる。

《考える主体の構造》
=《考えの対象に対する作用者(生物か無生物かに始まり、自然法則や三段論法等を用いた対象に対する質問内容)の創造と、対象に作用させようという意志の創造》
+《考えの対象に対する作用(自然法則や三段論法等を適用しようという意志の実行)》
+《作用結果の受信》
=《作用者の創造と意志の創造》+《作用(意志の実行)》+《作用結果の受信》

となる。

原子構造探究実験に例えると分かりやすい。対象に対する作用は陽子を原子に衝突させることに対応し、その作用の作用者とは陽子であり、作用させようとする意志とは陽子銃に対応している。したがって、例えを（）で付記すると、

《考える主体の構造》
＝《作用者の創造と意志の創造（陽子・陽子銃の創造）》＋《作用（陽子を衝突させる行為）》＋《作用結果の受信》

となる。

ここで、項の途中ではあるが、（69頁　注1）で予告した、「考える主体自身」の定義について説明する。

《考える主体の構造》＝《作用者の創造と意志の創造》＋《作用（意志の実行）》＋《作用結果の受信》と分解した。このように分解したのは、《作用者の創造と意志の創造》が考えの対象にならないことを明らかにするためである。しかし、「考える主体」の分解は目的によって変えればよい。例えば、考える主体の働きそのものを表現するには、考える主体が取り込んだ対象の概念とそれ以外というように分解すればよい。そうすると、

《考える主体の構造》=《考えの対象の概念》+《それ以外》

となる。このように分解したときの《それ以外》を「考える主体自身」と表現するとイメージしやすい。

そうすると、

《考える主体の構造》=《考える主体自身》+《考えの対象の概念》

また、

《考える主体の構造》
=《「考える主体自身」が創造した作用者と意志（陽子・陽子銃の創造）》+《「考える主体自身」が行う作用（陽子を衝突させる行為）》+《「考える主体自身」が受ける結果受信》

となる。つまり、考える対象の「概念の元」の提供以外「考える主体自身」がすべて行っている。

受信した結果を処理し新たな結論を導出するという行為は、受信した結果をもう一度考えの対象にするということである。この行為を繰り返しながら人間の知性は概念を創り上げていく。

以上のことを踏まえて「リンゴの概念を創造する」場合を図示すると（図6－2）のようになる。

リンゴの概念を創造する場合の構成要素と考える主体の働き方の構造を示す。

そして、（図6－1）と（図6－2）の対応している部分を表にする。

（イ）リンゴとはどのような物かと考えている

考える主体の、作用者の創造と意志の創造:

概念を創るために創造した質問内容と、概念を創ろうとして対象に質問をぶつけようとする意志の創造

考える主体の作用者:質問内容（リンゴの形は？果実はあるか？）

考えの対象：リンゴの概念

考える作用：質問内容を対象に適用する

考えた結果：ほぼ球形でへたがあり、果実はある

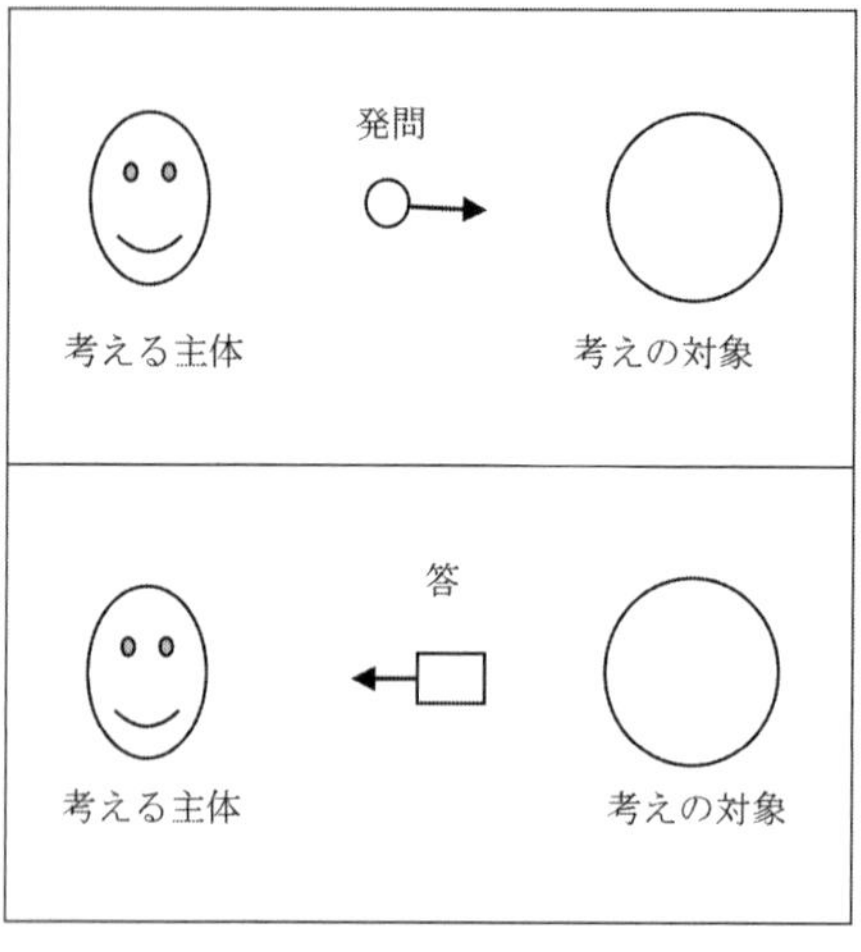

（図6-2　考える主体の働き方構造図）

（表２　物理学の探究手法と知性の働き方の類似性）

		(ア)　原子構造探究実験	(イ)　考える行為
作用者の創造と意志の創造	作用者の創造	陽子の創造	質問内容（形は？果実はあるか？等）の創造
	意志の創造	陽子銃の創造（陽子銃は陽子を原子に衝突させようとする意志）	対象の概念を創ろうとする意志の創造
作用者		陽子	質問内容（形は？果実は？）
対象		原子	リンゴの概念
作用		陽子を原子に衝突させること	質問をリンゴの概念にぶつけること
結果・答の受信		陽子はほとんど原子を突き抜けるが、時々跳ね飛ばされる。	ほぼ球形でへたがあり、果実はある

以上のように、原子構造探究実験と考えるという行為は、《作用者の創造と意志の創造・作用者・対象・作用・結果の受信》という同じ要素から構成されている。そして、いずれの場合においても、対象を知るというのは、作用者を対象に作用させることである。そこで、原子構造探究実験との類似性を参考に人間の考えるという行為の特徴を明らかにする。その目的は、作用者の創造と意志の創造を人間の考えるという行為の対象にできないことの意味を原子構造探究実験の例を参考に理解することである。

このことは、後に説明するが、ＡＩが人間の感情や知性を持つことがないことの最大の原因である。

前に説明した、原子構造探究実験の性質を再掲する。

(1)　この例では、衝突させる対象を原子としているが、陽子は原子だけでなく、陽子と反応する物なら何にでも衝突させることができる。
ただし、当該陽子Ａを放出した陽子銃と、放出された陽子Ａ自身にだけは衝突させることはできない。
(放出された陽子Ａを、同じ陽子銃から時間的に前に放出された陽子Ｂに衝突させることはできる)

(2)　同じ対象に対して、陽子の初速度・衝突回数や時間間隔等を変えて何回でも衝突させることができる。

（表２）を参考に、原子構造探究実験の性質⑴⑵を人間の考える主体の構造に対応させると次のようになる。

⑴　人間は五感・感情・知性と反応するものなら何でも考え（認識）の対象にできる。
ただし、考える主体の作用者の創造と意志の創造は考えの対象にできない。(※)
（前に作用させた作用者〈質問内容〉を、次の作用の対象にすることはできる）(※※)

⑵　同じ対象に対して、作用者（自然法則・三段論法等）の種類を変えて何回でも作用させることができる。

以上のようになる。

まず⑴について、人間の五感・感情・知性と反応するものしか知ることはできない。反応しないものは人間にとっての実在にならないので、あってもなくても人間にとっては同じことである。

⑴の（※）印を付けた部分が再三言っている考えの対象にならない部分である。つまり、作用者とは質問内容のことであり、その創造の仕組みを考えの対象にできないということである。また同様に、意志の創造とは、人間は対象に応じた質問を考え、対象の概念を創ろうとする。その意志の創造

の仕組みは対象にできないということである。そうすると、これらを考えの対象にできないのだから、「人間は、自身の頭の中で、いかに質問を考え出しているのか、いかに概念を創ろうという意志が生じているか」という仕組みを知ることができないということになる。つまり人間は、人間のchiseiの中核部分である「考える主体自身」を知ることができないということである。(参7)

これまで明らかにしてきたことを整理すると、第I章では、脳内電流分布等からなぜ知性が生じるのか、その仕組みが分からないというので、この仕組みを飛躍という言葉に繰り込んだ。そしてこの章では、飛躍により生じた知性の考える主体自身を考えの対象にし、その働く仕組みを解明しようとしたが、考えの対象にすらならないことが明らかになった。つまり、知性の中核である、いかにして考えることができるのか、いかにして意志が生じているのかというその仕組みを知ることができないということが、二つのアプローチから明らかになったということである。

次の(2)は人間が知性により概念を創る過程に関係している。

人間が対象の概念を創るとき、以上の一連の行為《作用者の創造と意志の創造・作用・結果の受信》を繰り返し対象に対して適用する。例えば、リンゴに果実があった。そうすれば、その果実の成分は何かという問いを、再度リンゴに作用させることができる。また、リンゴには果実があるとの結論が得られたとする。そうすると次に、被子植物には果実がある、リンゴには果実（子房）がある、したがってリンゴは被子植物である、と三段論法を用いてリンゴの概念を創っている。

この時二つの例で示したように、最初の「リンゴには果実がある」という結論を、次の考えの対象にしている。このように《作用者の創造と意志の創造・作用・結果の受信》という一連の行為を繰り返しながら、人間は対象の概念を創っていく。

(2)の（※※）の内容について説明する。例えば「リンゴは愛を感じることがあるのか」というような的外れな質問を作用させたとしよう。そうすると、この質問は意味があるのかという問いを「リンゴは愛を感じることがあるのか」という質問に対して適用する。このようにして質問の精度を上げていき、対象に対する概念の精度を上げていく。

以上で、本論を構成する基礎的要素はすべて説明した。

（注2）考えるという行為の分析について、（34頁　注5）で予告した「考えるという行為の考える主体の働き方の構造」つまり「考える主体の構造」がここで述べている内容である。

（参7）巻末参照

次の第Ⅲ章では、これらの基礎的要素を、これまで解明されなかったいろいろな問題に適用し、認識と実在についての理論体系を構築する。

第Ⅲ章　「認識と実在」の理論体系の構築

第Ⅰ章では、生命や人間の知性を従来の「実在の一重構造」の中で捉え「飛躍」という事実を明らかにした。第Ⅱ章では考えるという行為の分析から「実在の二重構造」という構造、「人間のseishinは原実在である」という事実、そして「人間の知性の特徴と限界」という性質を明らかにした。そこで、この第Ⅲ章ではこれらの明らかにしてきたことを、人間のあらゆる認識行為に適用する。そうすると、これまで見えなかった新たな世界が開けてくる。

まず、これまで哲学の課題であった「認識と実在」「物質と精神」の問題に適用し、新たな世界を切り拓く。さらに、これから本格的に到来するAI時代における最大の問題「AIが人間の感情・知性を持つことはあるか」についても一つの結論を導く。そして、本書で例として取り上げた現実の事象に適用し、本理論があらゆる事象に適用できる完結した理論体系であることを示す。最後に、本書のテーマについて考える動機にもなった「アインシュタインの疑問とゲーテの不満」の意味するところを解明する。

これまでは、本書で展開してきた理論を本理論と呼んできたが、これからは二重構造を強調するときは「実在の二重構造論」、実在論であることを強調するときは、（本）実在論とか（本）科学的実在論と呼ぶ。他の理論と区別する必要のあるときは、（本）を付けて区別する。

第1節　「固有世界」とは何か

✧固有世界の定義

第Ⅱ章第1節で、人間にとっての実在に次元という概念を導入し、その性質を明らかにした。ここでは、第Ⅱ章の最初に述べた「人間にとっての実在とは（図3の〈D_X〉が認識したものである」というところに戻り、この定義と実在の二重構造から、「認識と実在」に関わる性質を導き出していく。

定義より、（図3の〈D_X〉）の認識したものは集団の感情や知性ではなく、個人の感情・知性である。つまり、「人間にとっての実在」とは個人が認識したものであり、個人の数だけ存在する。ダビデ像を見てそこに何を感じるかは個人の数だけ存在する。この個人の数だけ存在するそれぞれの「人間にとっての実在」で構成された世界を「固有世界(注)」と名付ける。

固有世界の固有という性質は二つの原因により生じている。一つは、観測者の観測機能に関係している。つまり、同じリンゴを観測しても、人間とナメクジでは捉えた実在は異なる。さらに、同じ人間でも一人ひとりＤＮＡが異なるので観測機能は厳密に言えば一人ひとり異なる。もう一つは、観測行為に関係している。これについては、次項で述べる。

(注) 相対性理論の固有時間・固有空間[※](これからは時間と空間をまとめて時空と言う)に倣ってこのように名付けた。

(※) 本書では、固有時間・固有空間・固有時空という言葉を、ニュートンの絶対時間・絶対空間・絶対時空という言葉に対応させて使っている。「認識と実在」の仕組みの解明を目的としているのでこのように使っている。

✧「固有時空」「固有世界」の存在と、「相対性理論」「実在の二重構造」の関係

相対性理論[注1]とは時空の座標系間の変換規則で、実は固有世界が認識行為の影響を受けることを証明している。まず、このことについて説明する[注2]。

相対性理論では、時空は観測者(座標系)ごとに存在し、観測者ごとの値は観測者間の相対速度の関数として変換される。この観測者ごとに存在することと、その値が観測者ごとに異なることからこの時空に固有という修飾語をつけ「固有時空」と呼ぶことにする[注3][参8]。一方、相対性理論以前の、観測者と無関係に存在していると考えられていた時空は絶対時空と呼ばれている。相対性理論が明らかにしたのは、観測には無関係で万人に共通であることが自明であると思われていた時空が、観測行為[注4](具体的には、観測者と観測対象の相対速度)と無関係な存在ではなく、存在するのは「変換規則が観測者間の相対速度の関数として記述される観測者(座標系)に固有な時空である[参9]」という事実である。

一方、認識と実在については、本実在論までは実在の二重構造という概念や、(56頁　注)で述べ

た認識行為や認識機能が実在を創造するという考えはなかった。したがって、そこでは、認識者ごとに認識したものが異なるとしても、それは単に認識者の認識機能の違いのためで、認識対象（例えば、リンゴや世界）は認識行為や認識機能とは無関係に存在すると考えられていた。ところが、本実在論は、認識行為の分析より実在の二重構造という概念を創造し、次の事実を明らかにした。人間が知り得るのは、「原実在」を認識した「人間にとっての実在」のみであること、そして、この「人間にとっての実在」は（図3の〈D_X〉）が認識したものであり、認識機能の影響を受け認識者の数だけ存在する、つまり認識者に固有である。

右記の傍点を付けた二つの部分は、「相対性理論の時空」と「実在の二重構造による人間にとっての実在」はどちらも固有であることを言っている。ただ、同じ固有と言っても、その固有を生じさせている原因が異なり、固有の意味は異なる。「相対性理論」の固有時空は、観測行為に固有を生じさせる原因がある。そして、認識機能には関係しない。それに対して、「実在の二重構造」の方は、人間の認識機能に固有を生じさせる原因がある。そして、原実在に対する認識行為の影響については触れていない。

ところが、固有世界は相対性理論の時空上に存在しているのであるから、当然、相対性理論の固有という性質を持っている。つまり、認識行為の影響を受けている。(注5)そこで、相対性理論の固有時空を実在の二重構造で捉え直すことにより、相対性理論を実在の二重構造に取り込むことができる。逆に言えば、実在の二重構造を相対性理論の時空で展開できる。

相対性理論は、実在を一重構造の中で捉え構築されたものである。相対性理論が明らかにした観測者ごとに固有時空が存在するという事実を、実在の二重構造で捉え直す(注6)と、次のようになる。原実在であるjikuuを、観測者ごとに観測する。そうすると、観測した時空（固有時空、つまり人間にとっての実在）は観測者ごとに異なり、それらは観測者間の相対速度（観測行為）の関数として変換される。つまり、固有時空は、観測行為（相対速度）の影響を受けている。このことから相対性理論は、時空の変換規則を明らかにすることにより、実在の二重構造の中で定義される人間にとっての実在（固有時空）が観測行為の影響を受けていることを証明していると言える。

固有時空は固有世界の構成要素の一つであり、この内容を一般化すると次のようになる。原実在を認識した人間にとっての実在は、認識者の認識行為の影響を受けている。したがって、人間にとっての実在より構成された固有世界は、認識者の認識行為の影響を受けている。

以上の内容を要約すると次のようになる。固有世界を構成するすべての人間にとっての実在は観測行為の影響を受け固有である。そして、観測行為の影響を受けた固有な時間・空間・質量の上に、観測機能の影響も受けた固有世界は存在している。

相対性理論が登場するまで、観測者の違いによる時間の遅れや空間の縮みは分からなかった。なぜ分からなかったのかと言うと、相対性理論による時空の変化は観測者間の相対速度の関数として表される。そして、光速に近づくほどその効果は大きくなる。光速は、約3×10⁸（m/s）で1秒間に地球を7回半回転する。人間の創り出した乗り物では遅すぎ、その効果はほとんど実感できない。実際に観測者によってどれくらいの差があるのか計算する。音速に近い秒速300（m）で飛行するジェット機の中では、地上の観測者に対して、10^{-13}のオーダーの差が出る。10^{-13}のオーダーとは、地球から太陽までの距離なら約7（㎝）縮み、地球にほ乳類が誕生してから今までの時間（約2億年）なら約1時間遅れる程度である。こんなわずかな差など感覚で捉えられるはずがない。このため固有時空の存在に気づかなかったのだが、固有時空の存在は紛れもない事実である。

相対性理論から導かれる結論の一つに、質量とエネルギーの等価性がある。「$E=mc^2$」で表される内容であるが、この式の正しさは疑う余地はなく、この事実からも相対性理論の正しさ、固有時空の存在を疑う余地はない。それでは、固有世界の存在を知らしめる事実はあるのか。定性的な現象なら身の回りで起こるすべての現象がそうであると言える。しかし、定性的な捉え方の違いの中にはいろいろな要素が混在し、固有世界の存在によるものだけを取り出すことは不可能である。各固有世界間の定量的な差を算出する理論は、現在のところ存在しない。しかしながら、人間同士では同じ進化の過程をたどり、ほとんど同じＤＮＡを持ち会話ができるということから、各個人が認識する固有世界には大きな差はないと考えられる。各固有世界間の差は小さいであろうから、現在は問題になることは少ないが、将来ＡＩの進歩の中で「ＡＩには固有世界がない」ということが顕在化し、固有世界の存在を、人々は人間に固有で人間が尊厳を保つ根拠として自覚するようになると思う。これについては、（97頁）の「固有世界の存在とＡＩ」でも述べる。

（注1）単に相対性理論と言っているときは、特殊相対性理論を指している。しかし、本実在論は一般相対性理論においても成立する。
（注2）認識行為と言ったり観測行為と言ったりしている。範囲の広さによって使い分けている。認識の方が広い範囲で、観測は主として物理現象を対象としている。また、認識機能と言ったり認識能力と言ったりしている。ほぼ同じ意味で使っているが、機能と言うときには五感・感情・知性があるかないかということに焦点を置き、能力と言うときにはその性能という方に焦点を置いている。
（注3）「時空」という単語については、前項の（注）で述べた通りである。その意味を踏まえて「呼ばれている」ではなく、「呼ぶことにする」と表現している。
（参8）巻末参照
（注4）原実在に対する観測行為と言っても、何も意志を持って働きかける必要はなく、観測者と対象の相対速度が働きかけに相当している。詳しくは、（参9）巻末参照
（参9）巻末参照
（注5）（参9）において数式を用いて説明しているように、観測対象の質量も観測者ごとに異なる。つまり、人間にとっての第1次の実在である質量が観測者ごとに異なるのだから、すべての人間にとっての実在にその影響は及ぶ。つまり、固有世界を構成するすべての人間にとっての実在は固有である。

ただ現在、固有世界が認識行為の影響を受けていることを証明できるのは、固有時空及びそれから導かれる質量しかない。時空は「第1次の人間にとっての実在」以前の実在で他の要素の影響を受けないから変換規則（ローレンツ変換(※)）が発見されたのであって、第2・3次の人間にとっての実在は、いろいろな要素が絡み過ぎて認識行為の影響のみ取り出すことは不可能である。

（※）ローレンツはオランダの物理学者で、ローレンツ変換の発見者。ローレンツ変換式とは、特殊相対性理論における時間・空間の変換式のこと。アインシュタインが特殊相対性理論を創造する以前にローレンツは変換式を発見していた。この式より導かれる運動物体中の時間の遅れと空間の収縮の式を（参9）で紹介している。

（注6）相対速度は、時間を観測する観測行為の一つの要素である。時間は第0次の人間にとっての実在であり、第1次以降の要素の影響を受けない。そのため、実在の一重構造の中で捉えたローレンツ変換を、実在の二重構造の中での「人間にとっての実在の原実在に対する観測行為の影響」と捉えることができる。このように考えると、相対性理論は時空を例に「実在の一重構造」から「実在の二重構造」へと認識の変化を連結する役目を果たしている。

✧固有世界の性質

ここでは、「人間にとっての実在」により構成された「固有世界」の性質を明らかにする。

これまで、元々存在していない架空の存在である「絶対時空」と「絶対世界」、本実在論で定義した原実在である「jikuu《時空》」と「sekai《世界》」、人間にとっての実在である「固有時空」と「固有世界」について説明してきたが、本実在論で導入した概念や単語、相対性理論や実在の二重構造などが入り組んで複雑である。そこでまず、これらについて整理する。

[絶対時空と原実在であるjikuuについて]

絶対時空は、実在を一重構造の中で捉えた概念である。絶対時空は明確な概念はあるが、架空の存在である。絶対時空の絶対という言葉には、人間の認識を超えた存在で、その性質と存在は疑う余地がないというような意味が含まれているように思う。相対性理論が否定したのは、絶対に間違いないと思ったその性質（無限の過去から無限の未来へ一様に流れていく時間と、無限に広がる一様な空間）と、不変で万人に共通の存在であるという点である。絶対時空が存在すると仮定すれば、観測によりたとえ観測者ごとに時空が異なるとしても、それは観測機能の影響が出ているだけで、観測機能や観測行為とは無関係に絶対時空は存在する。

一方、原実在であるjikuuは、実在を二重構造の中で捉えた概念である。原実在であるjikuuは確実に存在する。確実に存在するが、原理的にjikuu自身を認識することはできないし、具体的な概念もない。「存在する」という概念があるのみである（明確な概念がある絶対時空とはこの点が異なる）。原実在であるjikuuを観測すると、観測機能と観測行為の影響を受けた人間にとっての実在である固有時空として姿を現す。人間が認識できるのは、この固有時空である。

［絶対時空と固有時空について］

相対性理論以前は次のように考えられていた。絶対時空は、観測者の誕生・消滅とは無関係に宇宙にただ一つ存在する。そして、観測者の誕生・消滅は絶対時空の中での一つの事件にすぎない。各個人はその認識能力により絶対時空の一部を捉えている。一方、相対性理論の固有時空は、観測者ごとに存在する。そして、観測者が一人誕生すれば固有時空が一つ誕生し、亡くなれば消滅する。固有時空は、観測者の観測行為の影響を受けるがjikuuの一部ではない。

［固有時空と固有世界について］

固有時空は固有世界の構成要素の一つであり、固有時空と固有世界は同じ性質をもつ。そこで、固有時空の性質を参考に固有世界の性質を理解できる。万人に共通の世界が一つだけあるという認識から、一人ひとりに固有の世界があるという認識の変化は、ニュートンの絶対時空から相対性理論の固有時空への変化と同じ変化である。

以上の内容について、例を挙げて説明する。この世で起こる出来事と人の生死の関係の捉え方が、絶対世界と固有世界でどのように異なるのかを明らかにする。

「この世で起こるすべての出来事と人の生死の関係」について、ニュートンの絶対時空での捉え方と相対性理論の固有時空での捉え方を比較する。

ニュートンの絶対時空の中では、経験的に次のように考えている。『万人に共通の絶対時空が存在する。この世で起こるすべての出来事（事件）は、この絶対時空の中で、絶対時空の関数として記述される。人間の生死は、一つの事件として記述されるが、絶対時空の存在に影響を及ぼすことはない。人間の生死と時空の存在は無関係である』と。ところが、固有時空の中では次のように捉えられる。『すべての人間に、その人固有の時空が存在する。この世で起こるすべての出来事（事件）は、この固有時空の中で、固有時空の関数として記述される。人間が一人誕生すると一つ固有時空が誕生し、死ぬと一つ消滅する。ある人の固有時空の誕生・消滅が他の人の固有時空に影響を及ぼすことはない』と。

次に同じことを、絶対世界での捉え方と固有世界での捉え方とで比較する。固有時空は固有世界の一部であるから、同じことの繰り返しになるがそのことの確認をする。

絶対世界では、『万人に共通の絶対世界が存在する。この世で起こるすべての出来事（事件）は、絶対世界の中で、絶対時空の関数として記述される。各個人の存在や事件はその万人に共通の絶対世界を構成する一つのパーツである。したがって、人間が一人誕生すればそのパーツが一つ増え、死ねばパーツが一つ減る。世界はそのパーツの増減とは関係なく存在する』と捉える。これに対して、固有世界では、『すべての人間に、その人固有の固有世界が存在する。この世で起こるすべての出来事（事件）は、それぞれの固有世界に固有な固有時空の関数として記述される。各個人の存在や事件はそれぞれの固有世界を構成する一つのパーツである。人間が一人誕生すれば固有世界が一つ誕生し、死ぬと一つ消滅する。それぞれの固有世界は独立した存在で全体を構成する一つのパーツではない。一つの固有世界の誕生消滅が他の固有世界に影響を及ぼすことはない』と捉える。

同じ種類の傍点を付けている部分が、同じ事柄に対する絶対時空と固有時空、絶対世界と固有世界からの捉え方の対応している部分である。

以上述べたことを（表3－1）（表3－2）で整理する。

（表3-1　固有時空と絶対時空の関係）

	固有時空（相対性理論により定義、座標系ごとに1つ存在）(現実の存在)	絶対時空（古典力学の時空）（架空の存在）
時空の数	座標系ごとに1つ存在	宇宙に1つ存在
事件	座標系ごとに存在する固有時空の中で記述される	宇宙にただ1つ存在する絶対時空の中で記述される
人間の誕生と死、時空との関係	1人誕生すると固有時空が1つ誕生、1人死ぬと1つ消滅	絶対時空の存在には無関係
固有時空間の変換規則	ローレンツ変換	
固有時空を生み出した元	原実在であるjikuuと相対性理論	

(表3-2　固有世界と絶対世界の関係)

	固有世界（人間にとっての実在より構成）(現実の存在)	絶対世界（人間が経験よりイメージしている世界）(架空の存在)
世界の数	人間の数だけ存在	宇宙に１つ存在
事件	事件は固有世界を構成する一つのパーツ	事件は絶対世界を構成する一つのパーツ
人間の誕生と死、世界との関係	１人誕生すると固有世界が１つ誕生し、１人死ぬと１つ消滅する。(１人の誕生と死は、他人の固有世界にとっては、それを構成する１つのパーツの誕生と消滅であり、他人の固有世界の存在には無関係)	絶対世界の存在には無関係 （１人の人間の誕生と死は、絶対世界を構成する１つのパーツの誕生と消滅)
固有世界間の変換規則	時空・質量はローレンツ変換 それ以外は未発見	
固有世界を生み出した元	原実在であるsekaiとそれを認識する人間の精神	

✧固有世界間の関係

特殊相対性理論ではある座標系と他の座標系との時空の関係はローレンツ変換によって表される。ところが、固有世界については、各固有世界間の関係を記述する理論は現在のところ不明である。それでは、ある人の固有世界と他の人の固有世界はどの程度の差があるのかという疑問が出てくる。つまり、ある人Ａが認識する「リンゴ^{A}」と他の人Ｂが認識する「リンゴ^{B}」はどの程度の差があるのか。ある人Ａが感じる「愛^{A}」と他の人Ｂが感じる「愛^{B}」は同じような感情なのだろうかという疑問である。結論から言うと、原理的には異なるがほとんど同じである。原理的に異なるのは実在の二重構造からの必然的帰結で、ほとんど同じであるというのは、ジェット機内での時空の例と、人は皆同じ進化の過程を経てほとんど同じＤＮＡを持ち、同じ喜怒哀楽を示し会話ができるということから確信できる。証明するには、前章で述べた第1第2の飛躍が解明され、人間にとっての実在と認識機能の関係が明らかになること、さらに各固有世界間の変換規則（特殊相対性理論のローレンツ変換に相当）が発見され、人間にとっての実在と認識行為との関係が明らかになることが必要である。

絶対時空から固有時空への認識の変化や、「絶対世界」から「固有世界」への認識の変化は、天動説から地動説への認識の変化と同じくらい大きい。天動説から地動説への変化は、キリスト教的宇宙像から物理的自然像への認識の変化を象徴するものである。一方、「固有世界」の存在への認識は、将来のＡＩ時代において、「固有世界」を持っていることが人間たり得る根拠となり、人間の尊厳を自覚する基礎になると思う（次項で述べるが、ＡＩが「固有世界」をもたないことが、ＡＩと人間の決定的な違いの一つである）。

しかし、これらは認識の変化であって五感で捉えた実在が変わるというわけではない。天動説から地動説への認識の変化が起こっても見上げる夜空の星は変化なく輝いている。「固有世界」の存在への認識の変化が起こっても、眼前の「リンゴ」がその姿を変えることはない。

✧固有世界の存在とＡＩ

相対性理論を参考に、絶対世界の存在を否定し固有世界の存在についての理論を展開してきた。相対性理論の正しさは実験により確認されている。したがって、本実在論の正しさも相対性理論の正しさから明らかである。

しかしながら、現時点ではこの「固有世界」間の差を実感としては捉えられない。今後は、ＡＩの進歩の中で「ＡＩには固有世界がない」ということが表面化し、本実在論の正しさが実感できるようになると思う。

ここでＡＩには固有世界がないということについて説明する。人間にとっての実在で構成された固有世界が誕生するためには、次の二つの条件を満たさなければならない。

一つ目は、人間の (gokan《五感》, kanjo《感情》, chisei《知性》) の誕生という飛躍が必要である。各個人の固有世界は、人間にとっての実在の集合体であるから、対象を人間にとっての実在として認識しなければならない。例えば、人間にとっての実在であるＡＩが、原実在であるringoを認識するとは、ringoの持つbutsuriryo《物理量》を物理量として認識している。ringoを人間にとっての実在であるリンゴとして認識しているのではない。つまり、飛躍は起こっていない。ＡＩ内部には、ＡＩごとに存在する個別データとプログラムにより処理された物理量が存在するだけで固有世界はない。

二つ目は、認識者の誕生時に自己同一性がなければならない。人間は誕生時に一人ひとり固有のＤＮＡを持っていて、それに経験から得たものが付け加わっていき固有世界を創っていく。それに対してＡＩは、同一製品であれば誕生時に差はない。つまり、自己同一性がない。その後、個別の情報が加わり別物のようになるが、取り入れた情報に差があるだけである。

第2節　「実在の二重構造」から「物質と精神」の二元論を統合する（唯物論と観念論の統合）

ここでは、これまで哲学の課題であった「物質と精神」の二元論を統合する。

前に述べたように、唯物論とは、真の存在は物質のみで精神はそれに付随する現象である、という考え方であるとする。一方、観念論は、物質が存在するという人間の認識があってはじめて物質が存在するのであって、物質の存在よりも人間の認識が先（根源的）である、という考え方であるとする。

そうするとこれらは、どちらも正しいようにも見えるが相容れない。相容れない原因は、実在を一重構造で捉えていることによる。詳しく述べると、実在は「原実在」と「人間にとっての実在」からなる「二重構造」をしているが、本実在論以前は、その認識がないために「人間にとっての実在」の範囲内で「唯物論」は物質を、「観念論」は精神をそれぞれ根元的実在としていた。このために、後に説明する「物質と精神の巴構造」に陥っていた。

そこで、「実在の二重構造」と「人間の精神（正確にはseishin）は原実在である」ということを基に唯物論と観念論の矛盾点を明らかにし、その後、唯物論と観念論を超えた矛盾のない科学的実在論を構築する。

✧認識と実在の進化図最終形

これまで「飛躍」や「実在の二重構造」について、図を参考に説明してきた。（図1）（図3）から始まり（図5－1）（図5－2）へと進化させた。

次に、（図5－1）に、これまで述べてきたことを取り入れ、原実在の中での進化を示すと（図7－1）のようになる。

（図7－1）が（図5－1）より進化した点。

⑴　（図5－1）中で、「人間のgokan, seishinの誕生」としていたものを、（図7－1）中では考え

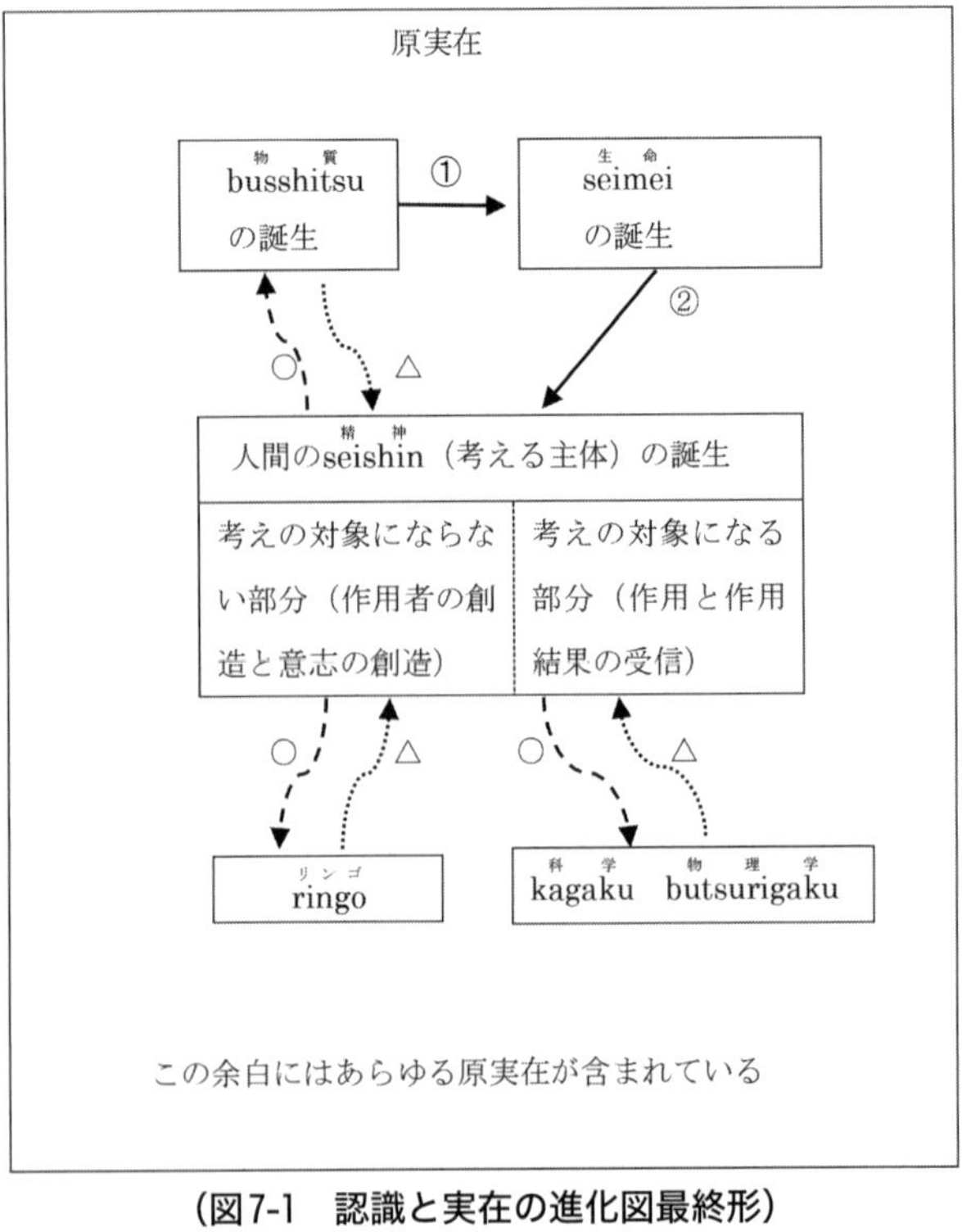

（図7-1　認識と実在の進化図最終形）

る主体に焦点を絞り「人間のseishin（考える主体）の誕生」とし、gokanを考える主体から除いた。また、seishinに（考える主体）という語句を添えて意味を明確にした。

(2) 人間のseishinの考えるという行為は、考えの対象になる部分とならない部分があり、これを分けた。考えの対象にならない部分とは、前に説明した表現では《作用者の創造と意志の創造》の部分である。この部分は、人間にとっての実在にならない。一方、考えの対象になる部分とは、《作用》と《作用結果の受信》の部分であり、この部分は人間にとっての実在になる。

(3) 進化ではないが、「人間のseishin（考える主体）」の、考えの対象に対する作用（図中の○印を付けた破線）と、原実在からの作用結果受信（図中の△印をつけた点線）を表記した。この作用と作用結果受信がセットになり、原実在を人間にとっての実在として認識している。図では（○と△）の3セットだけ表記しているが、人間の認識するものすべてにこのセットは働き、人間にとっての実在の世界（固有世界）を構成している。考えるという行為の対象は、対象の概念である。この意味を破線と点線に込めている。

(4) 科学・物理学は人間にとっての実在であるが、その元の原実在をkagaku《科学》, butsurigaku《物理学》と表記している。

次に（図1）から（図3）を導き、（図5−1）から（図5−2）を導いたように、（図7−1）の「人間のseishin考える主体（X）」が（図7−1）自体を考えの対象にすると、（図7−2）のようになる。

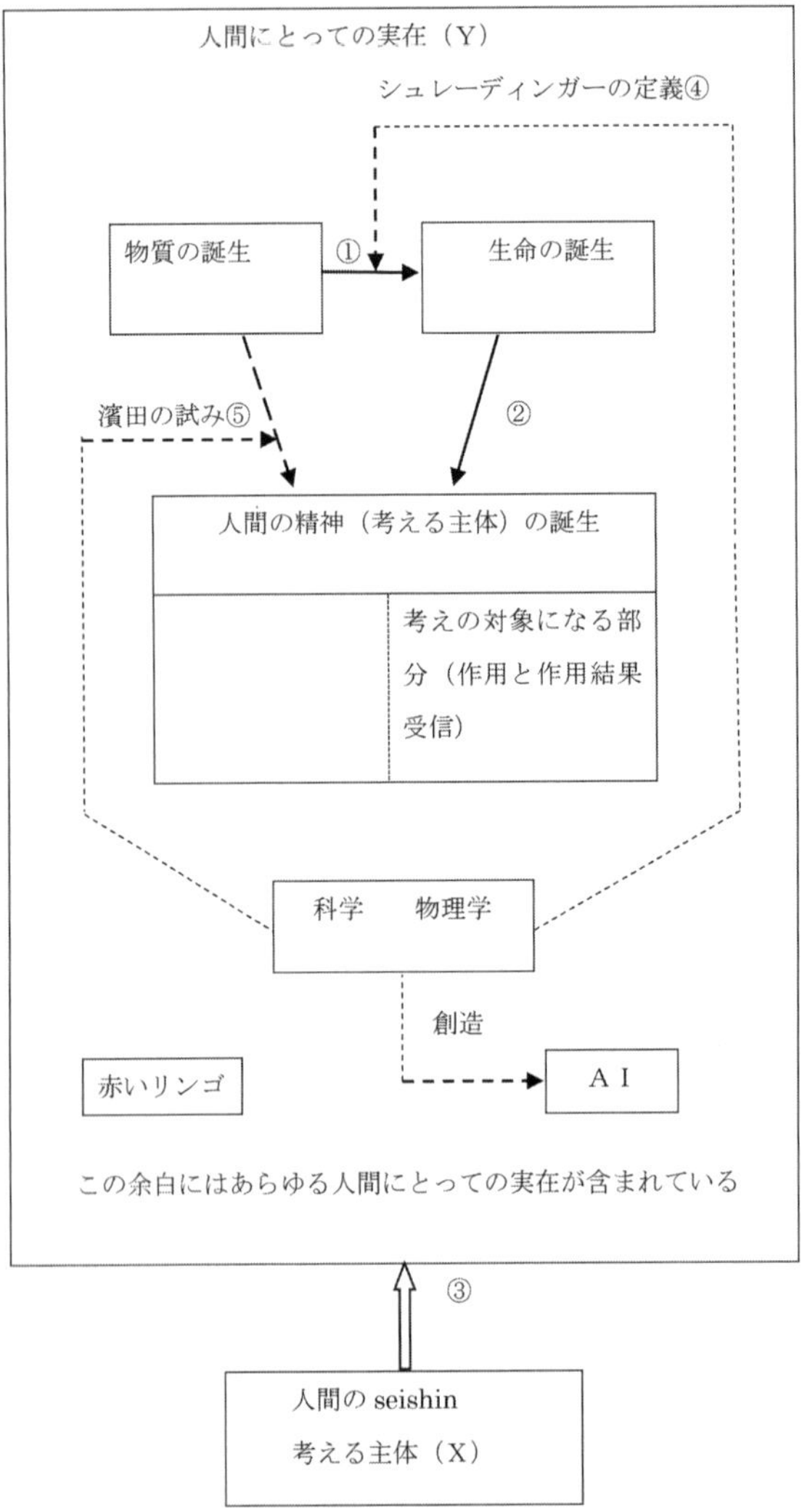

(図7-2　認識と実在の進化図最終形　主体と対象分離形)

（図7−2）について説明する。

⑴　矢印③の出発点の「人間のseishin考える主体（X）」は原実在の中にある。(注)それ以外は、すべて「人間にとっての実在（Y）」の中にある。

⑵　図では、人間にとっての実在である人間の精神から、「人間のseishin」の考えの対象にならない部分を抜き出し、その部分を空欄にしている。「人間のseishin」の内、考えの対象になる部分とならない部分を明らかにしたのでこのように表記した。

⑶　矢印④は、シュレーディンガーが「生物は負のエントロピーを食べて生きている」と生命を定義した、その考える行為の働く場所と仕組みを表している。つまり、「人間のseishin考える主体（X）」が、人間にとっての実在である科学・物理を使って、「人間にとっての実在（Y）」の範囲内で生命の誕生を解明しようとしている。

⑷　④と同様に、⑤は、私（濱田）が物理学によって、物質から人間の精神が誕生する仕組みを解明し定義しようとした試みの働く場所と仕組みを表している。これは、結果的にできなかった。このことを「飛躍」という言葉で表現した。

⑸　科学・物理学からAＩに向かう矢印に創造と言葉を添えたのは、科学・物理学によりAＩが創造されたことを明示している。物理学もAＩも人間にとっての実在の中にあり、人間にとっての実在である科学・物理学によって人間にとっての実在であるAＩを創り出している（原実在

だけでなく人間にとっての実在もseishinの考えの対象になる）。そして、それを創り出している「人間のseishin考える主体（X）」は、原実在の中にある。このことをこの図は示している。

(6) リンゴは人間が創造したのではないから、科学・物理学とは無関係に人間にとっての実在の中に存在している。そして、それを認識している人間のseishinは原実在の中にある。煩雑になるから省略しているが、生命の誕生から精神の誕生に付けた矢印②は、リンゴにも付いている。

(7) 人間にとって原理的に可能なのは、人間にとっての実在（Y）の中にある事柄についての関係を明らかにすることだけである。シュレーディンガーの定義（矢印④）、私（濱田）の試み（矢印⑤）、AIの創造等はこれに当たる。そして、それは、原実在にある「人間のseishin考える主体（X）」の働きである。それを矢印③で示している。

(8) （図7－1）の（○と△）のセットの働きについて説明する。（図7－1）の「人間のseishin考える主体（X）」が、（図7－1）の「原実在」を認識し（図7－2）の「人間にとっての実在（Y）」を生み出している。これを飛躍と呼ぶと、この（図7－1）から（図7－2）への飛躍は図中には表れない。(7)で述べたように、この飛躍は、原理的に説明できない。そこで、この飛躍を「原理的飛躍」と名付け、「第1・第2の飛躍」と区別する。

これまで、人間の五感・感情・知性と言いながらほとんど知性のみを取り上げてきた。と言うのは知性の働き方に認識の構造がよく表れているからである。したがって、「認識と実在」の構造を解明するには、知性の働きを分析すればよい。ところが、人間にとっての実在は五感・感情・知性で捉えたものすべてである。つまり、(図7—2)の人間にとっての実在(Y)の中には、五感・感情で捉えた実在も含まれている。このことを明示するために、リンゴに五感で捉えた実在である「赤い」という言葉を付けている。そして、考えるという行為の分析から「認識と実在」の構造を解明してきたため、(図7—2)では原実在である「人間のseishin考える主体(X)」と表記しているが、これは「人間のchisei」又は、「人間のchisei・kanjo」と表記しても構わない。chiseiとkanjoは働き方の構造の異なるところもあるが、相補っているところもあるので厳密に区別しにくい。

(注)存在場所を強調するときは「原実在の中にある」と表現し、何であるかを強調するときは「原実在である」と表現する。

✧「物質と精神の巴構造」とは何か

これまで創り上げた理論により、唯物論と観念論(物質と精神)の二元論の矛盾を明らかにし、これらを包含する矛盾のない実在論を構築する。まず「物質と精神の巴構造」について説明する。

実在は「原実在」と「人間にとっての実在」の二重構造をしている。ところが、従来の唯物論や観念論はこの認識がないため、実在の一重構造(人間にとっての実在の範囲内)で認識と実在の関係を説明しようとしていた。ここに原理的な無理がある。その無理な部分が「物質と精神の巴構造」として表れていた。

（図８－１）は従来の唯物論と観念論の関係を表している。

［唯物論］

真の実在は物質のみで精神はそれに付随する現象である（しかし、その物質を認識しているのは精神であって、精神がなければ物質を物質と認識することはできない。つまり物質から精神の誕生という一方向向きの認識と実在ではない）。

［観念論］

精神があって初めて物質を物質と認識できる。したがって精神の存在が物質より先（根源的）である（しかし、その精神を宿している肉体は物質よりできており、物質がなければ精神も存在しない。つまり、必ずしも物質より精神が先というわけではない）。

以上のように、唯物論と観念論のどちらかを出発点として他方を説明しようとすると、（）の中の「しかし」で表している矛盾が生じる。この関係を「物質と精神の巴構造」と呼ぶことにする。

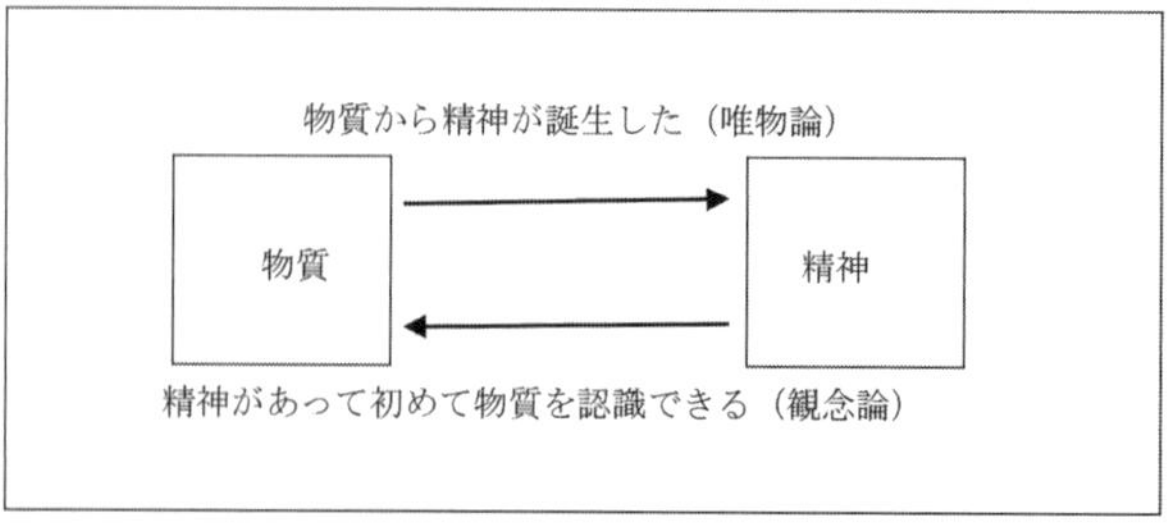

物質から精神が誕生した（唯物論）
物質
精神
精神があって初めて物質を認識できる（観念論）

（図8-1　唯物論と観念論）

次に、ここで表れた矛盾をもう少し詳しく見てみよう。

✧唯物論と観念論の矛盾

唯物論と観念論の矛盾の原因を明らかにする。

[唯物論について]

唯物論の真の実在は物質のみであるという主張は正しいのか。ここで真の実在という言葉は原実在とよく似た意味で使っているが、これまで述べてきたように物質と言った時点ですでに原実在ではなく人間にとっての実在になっている。そして付随すると言っている精神も物質と同じ人間にとっての実在である。人間にとっての実在の次元の違いを、真の実在とそれに付随する現象として表現し区別している。この部分だけを取り上げれば単に表現だけの問題のようにもみえるが、人間のseishinがbusshitsuを物質と認識しているという根本的な視点が唯物論には抜けている。

[観念論について]

観念論の人間の認識があってはじめて物質が存在する。物質の存在よりも人間の認識が先（根源的）であるという主張は正しいのか。この表現については、（図7－2）の白抜きの矢印③の出発点と向かう先について述べていて、人間の認識があって初めて物質が存在するという点は正しい。

しかし、人間のseishinは認識するということについては出発点であるが、そのseishinを誕生させたのはbusshitsuであるという人間の認識の前にbusshitsuは存在しているという根本的な視点が観念論には抜けている。

このように従来の唯物論や観念論は「実在の二重構造」や「seishinは原実在である」という理解がないため「物質と精神の巴構造」に陥ってしまう。

本書では、認識と実在についての考え方を図示し、それを参考に理解を深めてきた。少し重複する部分もあるが、いま述べた唯物論や観念論の矛盾点が（図7―1）と（図7―2）ではどのように表れているのか見てみよう。

まず、（図7―1）で表した原実在の中での進化を考えの対象にすると（図7―2）の人間にとっての実在（Y）になる。つまり（図7―2）は、原実在内で起こっている進化（図7―1）を、人間にとっての実在として認識するその構造を表している。

（図7―2）の「人間にとっての実在（Y）」では、物質から精神が誕生しており（図中の矢印①と②）、この部分が従来の唯物論である。つまり、従来の唯物論は人間にとっての実在のこの部分を言っているにすぎない。「実在の二重構造」という概念がないため、原実在である「人間のseishin考える主体（X）」が、原実在である（図7―1）を「人間にとっての実在（Y）」として認識しているということが考慮に入っていない（白抜きの矢印③で表示）。

次に、（図7－2）の「人間のseishin考える主体（X）」を「精神」で置き換えると、従来の観念論になる。つまり、従来の観念論は（図7－2）の白抜きの矢印③の向きを言っているにすぎない。唯物論の場合と同様、「実在の二重構造」という概念がないため、（図7－1）のbusshitsuからseishinが誕生したことが抜けており、「人間にとっての実在（Y）」を認識しているのは原実在である「人間のseishin考える主体（X）」であるということが考慮に入っていない。

以上のように、従来の唯物論や観念論は「実在の二重構造」という概念がないため、原実在である（busshitsu・seishin）と人間にとっての実在である（物質・精神）という概念や区別はなかった。二重構造をしている実在を一重構造の中で論じようとしたところに原理的無理があった。

次に、（図7－2）の表している「認識と実在」の構造を基に、従来の唯物論と観念論の矛盾を超えた科学的実在論を示すことにしよう。

✧認識と実在の科学的実在論（唯物論と観念論を統合）

前項で述べた、唯物論と観念論の抜けている部分を整理すると次のようになる。

（図7－1）で示したようにseishinはbusshitsuから誕生した原実在である。そして、そのseishinの考えるという行為は考える主体と考えの対象から構成され、（図7－2）のように「人間のseishin考える主体（X）」の考えの対象になったものは、「人間にとっての実在（Y）」として認識される。つまり、seishinは（busshitsuやseishin）を（物質や精神）として認識している。このことと、「実在の二重構造」の関係を（図8－1）に付け加えると、（図8－2）のようになる。

☆この図の説明をする。（図8－2）の矢印の種類や番号は、これ以前のものと統一はしていない。

(1) 白抜きの矢印④は、原実在であるbusshitsuから原実在であるseishinが誕生したことを示している。

(2) 破線の矢印③は、原実在であるseishinが原実在である(busshitsu, seishin）を認識することにより人間にとっての実在である（物質、精神）になることを示している。原実在は破線で、人間にとっての実在は実線で囲み、実在の種類の差を線種で区別している。

（図8－2）が、これまでの唯物論と観念論に代わる「実在の二重構造」を基にした「科学的実在論」の構造を表している。これを言

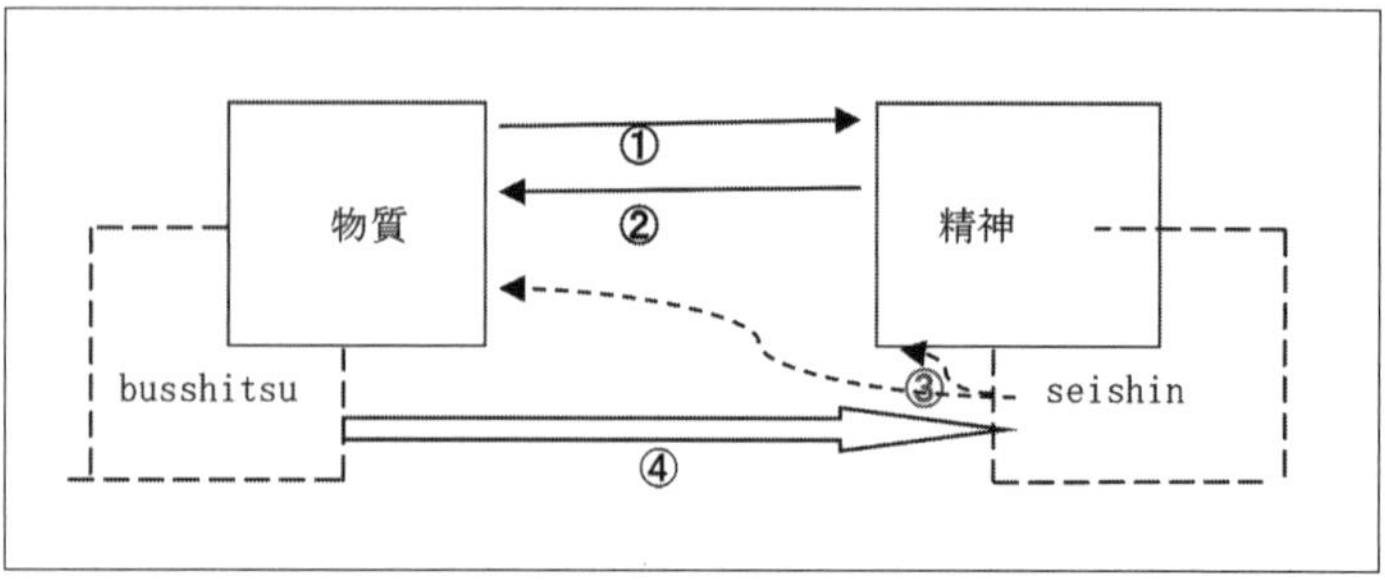

（図8-2　物質と精神、原実在と人間にとっての実在の構造図）

葉で表現すると次のようになる。

宇宙誕生時に原実在であるbusshitsuが誕生した。その後、busshitsuより原実在であるseishinが誕生した。そのseishinが原実在である（busshitsu, seishin）を認識し、人間にとっての実在である（物質、精神）が誕生した。

人間のseishinは、「原実在」を「人間にとっての実在」として認識する。そして人間は、この「人間にとっての実在」により構成された個人ごとに存在する「認識の世界（固有世界）」の中にいる。原理的に、人間は原実在そのものを認識することはできない。

この唯物論と観念論の統合は、本実在論から導かれる中心的成果の一つである。そこで少しくどいようではあるが、傍点を付けた前半部分を時系列に沿って整理すると（図8―3）のようになる。ホモサピエンス、つまり人間のseishin誕生以前には、原実在は存在するが人間にとっての実在は存在しなかった。

また、傍点の後半の部分を（図7―2）の内容を踏まえて書き換えると（図8―4）のようになる。人間は、つまり原実在であるseishinは、seishinの認識した人間にとっての実在よりなる固有世界の中で意識的生活をしている（リンゴを食したときのリンゴの持つエネルギーを取り入れている現象や、呼吸をして酸素を取り入れている意識を伴わない物理的現象は、意識的生活の中には含まれない）。

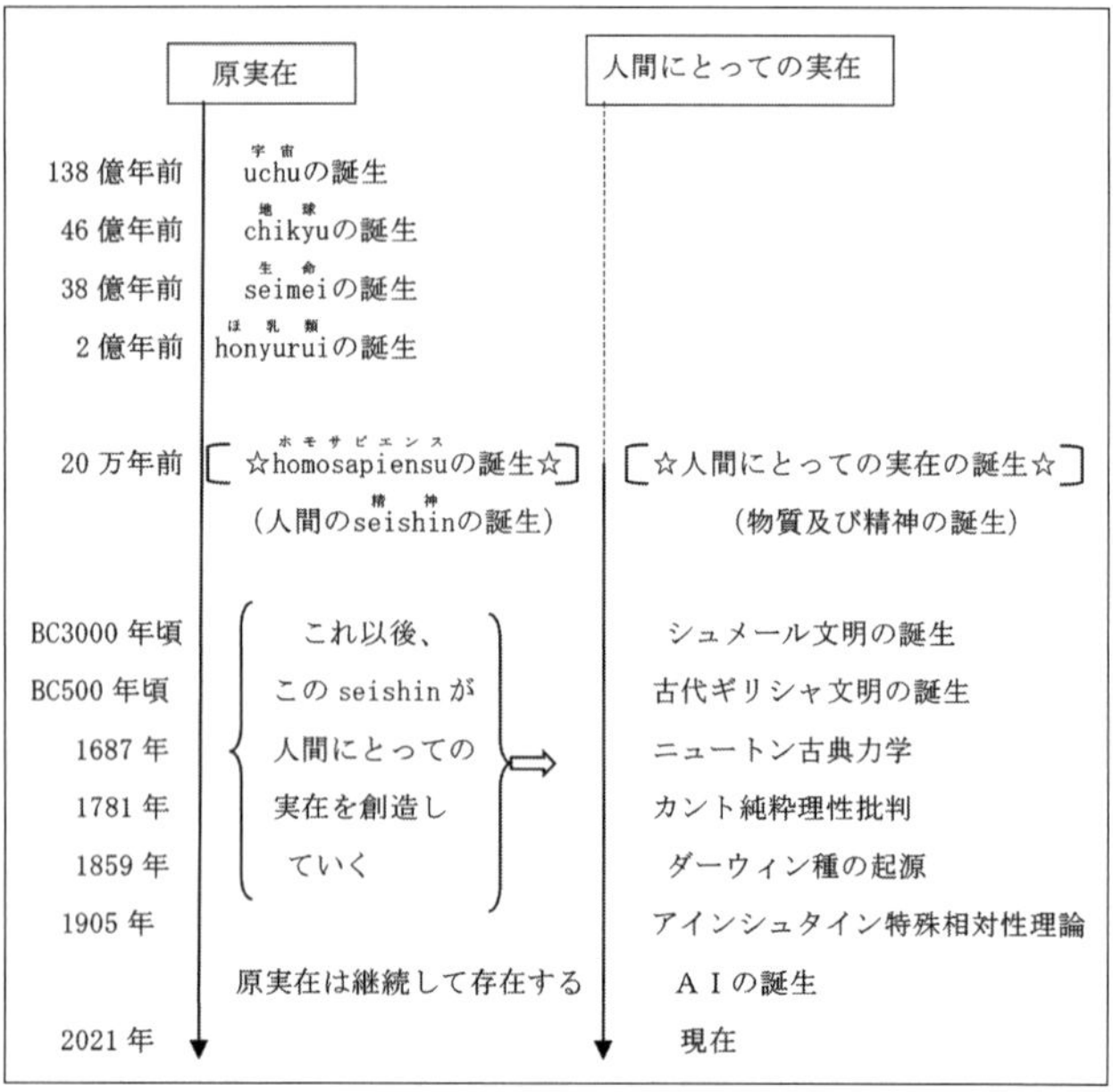

（図8-3　人間にとっての実在の誕生　進化図時系列）

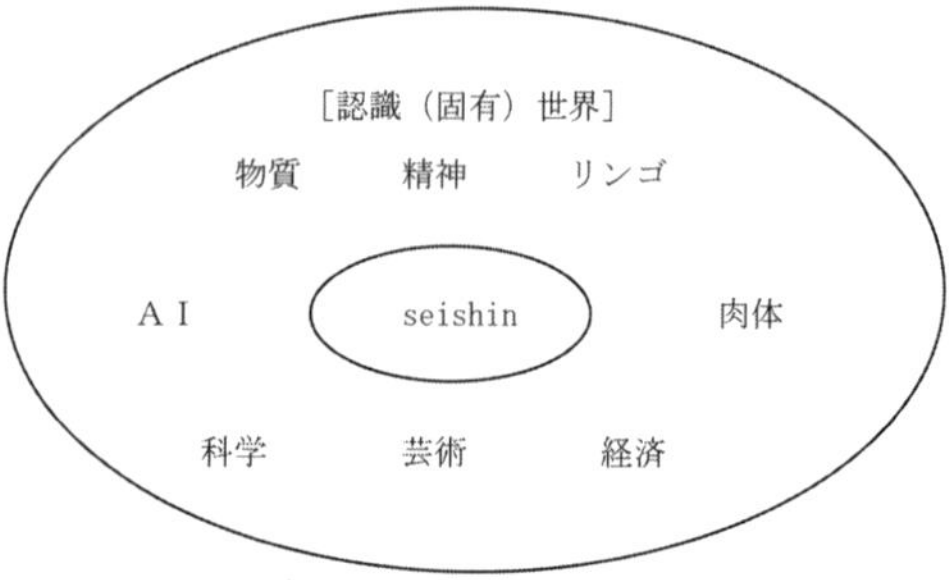

認識者の seishin だけが原実在で、人間の意識は
seishin が認識した人間にとっての実在に囲まれている

（図8-4　seishin とその認識〈固有〉世界）

（図８－４）のように、ただ一つseishin（gokanも含む）だけが原実在で、人間の意識はこのseishinが認識した人間にとっての実在に囲まれて存在している。実在の二重構造という認識がなければ、seishinを精神として認識する。そうすると「物質と精神の巴構造」に陥る。

従来の唯物論や観念論は、物質と精神のどちらが根源的な存在であるのかを追究したが、ここで展開した科学的実在論では、物質とか精神ではなく、（図８－２）で示した「認識と実在」の構造、（１１１頁）の傍点を付けた内容が根源的実在であると言える。

以上が本科学的実在論からみた物質と精神の関係である。これにより、物質が先か？　精神が先か？　真の実在とは何か？　言葉を換えれば唯物論と観念論のどちらが正しいのかという疑問はすべて解決された。

第３節　人間の感情と知性は自然科学体系のどこにいかに位置づけられるか（ＡＩの知能と人間の知性は別次元の実在）

ここまで、いろいろな概念を創造し、認識と実在の仕組みについて解明してきた。これらを用いて、本書の出発点である「人間の感情と知性は自然科学体系のどこにいかに位置づけられるか」というテーマの結論が得られる。そして、その論理の延長線上に「ＡＩの知能と人間の知性は別次元の実在である」ということが導かれる。

✧人間の感情と知性は自然科学体系のどこにいかに位置づけられるか

考えてみると、本書の最初のテーマ「人間の精神は自然科学体系のどこにいかに位置づけられるか」というのは、原実在である「seishin」と人間にとっての実在である「精神」との区別がついていないときの発問であった。ところが本書では「飛躍」に始まり、「考えるという行為の構造」「実在の二重構造」「考える主体の構造」「人間の知性の特徴と限界」「固有世界」等いろいろな概念を創造し、「認識と実在」の構造について解明してきた。これらを踏まえると右記のテーマについて、明確な結論が得られる。それを次に示す。

一般的には、これまで原実在という認識がないのだから、精神と言っているときには人間にとっての実在である精神のことを言っているようにも思えるが、考える主体とか感じる主体である精神と言っているときは、内容的には原実在であるseishinに近い。そこで、精神が原実在を指している場合と、人間にとっての実在を指している場合とに分けて考える。

[原実在であるseishinを指している場合]

我々が自然科学と呼んでいるものは、人間の創造物であるから、（図7－2）の白抜きの矢印の向かう先の「人間にとっての実在（Y）」の中に存在する。ところが、考える主体（X）である「人間のseishin」は、白抜きの矢印の出発点で原実在の中にあり、人間にとっての実在から構築されている自然科学体系の中にはない。

以上が、当初のテーマにある精神を原実在である「seishin」としたときの結論である。

［人間にとっての実在である精神を指している場合］

第Ⅰ章では、精神の誕生について物理学からのアプローチを取り上げた。この精神の誕生を物理学・自然科学の体系の中に位置づけるとは、原実在の中で起こったbusshitsuからseishinの誕生への進化を、人間にとっての実在である物理学・自然科学を用いて、物質から精神の誕生として説明するということである。これが現在の物理学・自然科学ではできないので、その部分を第Ⅰ章第3節では「飛躍」という言葉で表現した。そして、精神の誕生が説明できないのだから、当然その働きについても説明できない。つまり精神は、現在の自然科学体系の中にはない。

以上のように、どちらの場合においても、人間の精神は現在の自然科学体系の中にはない。これが、最初のテーマに対する結論である。

✧AIの知能と人間の感情・知性の違い

第Ⅱ章では、物理学の考え方を応用し、「考えるという行為」の分析、及び「考える主体」の分析から「人間の知性の特徴と限界」を明らかにした。

第Ⅱ章第２節で説明した考える主体の構造を再掲すると、

《考える主体の構造》＝《作用者の創造と意志の創造》＋《作用（意志の実行）》＋《作用結果の受信》

となる。

考える主体の働きの中で、知性と一番深く関わっているのは、《作用者の創造と意志の創造》の部分である。ところが、この《作用者の創造と意志の創造》の部分は、考えの対象にはならない。考えの対象になるのは、《作用（意志の実行）》と《作用結果の受信》である。考えの対象にならないものを模倣し再現することなど不可能である。そこで、《作用者の創造と意志の創造》の部分を人間が行い（プログラムし）、考えの対象になる《作用（意志の実行）》と《作用結果の受信》の部分を電磁気学・量子力学による情報処理で代行させたのが、現在のＡＩである。したがって、いくら似たように見えてもまったくの別物である。前にも述べたが、ＡＩがいくら『ありがとう』と音を出しても、速く正確に計算をしても感情や知性があるわけではない。

人間の知性の働きの一つに概念を創造するということがある。現在ＡＩは、ディープラーニングという機能を持ち、自身で進歩し概念を造り出していると言われたりする。これまで展開した理論から、人間の知性が創り出している概念とＡＩが造り出している概念はまったく別物であると言える。人間が創り出している概念は、受信した物理量（情報）から五感・感情・知性による「飛躍」により得られた「人間にとっての実在」により創り出されているのに対して、ＡＩは単なる物理量（情報）の集合体であり「飛躍」は起こっていない。したがって、ＡＩは飛躍により誕生した実在と、それからなる固有世界をもたない。集合体の精度を上げることによってあたかも知性が誕生しているようにみえるだけである。

ディープラーニングと命名し、いかにも学習しているようにみえるが、人間の学習とは根本的に異なる。人間の知性の働きの《作用者の創造と意志の創造》は、考えの対象にすらならないのだから、人間の脳内でいかにして知性が誕生しているのかは分からない。分からないことに言及するのは科学的ではないが、人間の知性の働きは、ＡＩの二進法とはアルゴリズムが異なるように思う。もし、アルゴリズムが異なれば、人間の知性とＡＩの知能は永遠に交わることはない。

✧ＡＩは即自存在、人間は対自存在

前に（39頁　注2）で対自存在・即自存在について述べた。対自存在であるとは、考える主体（見る自分）を考えの対象（見られる自分）にすることである。そのためには、考える主体に、見る自分と見られる自分という分離が起こらなければならない。

そこで、この観点から、本書でよく取り上げたナメクジとＡＩ、そして人間の存在の仕方を比較する。この存在の仕方の違いが、ＡＩと人間の決定的な違いの一つでもある。

まず、ナメクジの場合について分析する。ナメクジには知性と呼べるものは存在しない。したがって、考えるということの分離が起こらない、というより考えるということ自体が存在しない。したがって、対自存在たり得ない（対自存在たり得る知性はないが、生物であり存在としては複雑である）。

次に、ＡＩの場合を分析する。ＡＩの考える主体（実は、こんなものは存在しないのだが仮にあるとすれば）は、電磁気学と量子力学とプログラムであり、これらはすべて人間の創り出したもので人間にとっての実在の中にある。したがって、ＡＩの考える主体が、考える主体の機能自身を考えの対象にしたとすると、電磁気学・量子力学・プログラムに行き着く。つまり、自分自身に行き着いてしまい、考える主体と考えの対象という分離がなくなってしまう。したがって、ＡＩは対自存在たり得ない。つまり、ＡＩには考える主体はなく即自存在である（ＡＩが人間の感情・知性を持たない理由その４）。

次に、人間の場合を分析する。人間の場合は、考える主体も対象もすべて原実在の中にある。そして、考える主体が考える主体自身を認識しようとした瞬間に考える対象は消える（知性の中核である《作用者の創造と意志の創造》は、考えの対象にすらならないことを指している）。実在の二重構造により、人間の認識が原実在に行き着くことはなく、考える主体には見る者と見られる者の分離が壊れることはない。つまり、対自存在たり得る。これが、本科学的実在論から見た「人間は対自存在、ＡＩは即自存在である」ということの意味である。

以上のことをまとめると、対自存在であるためには、

(1)　考える主体に、見る者と見られる者という分離が起こること（ＡＩとナメクジにはこれが起こっていない）

さらに、その分離が壊れないためには、

(2)　考える主体自身を考えの対象にできないこと（人間の場合は《作用者の想像と意志の創造》がこれに相当）

の二つの条件が必要である。以上の2点を満たしたとき対自存在となり得る。

例を挙げて説明する。

最近ではＡＩを搭載した自動運転の自動車が出てきている。この自動車のＡＩは、車外の状況と自分の位置を客観的に捉えて運転している。自分の位置を客体として捉えているのだから、見る者と見られる者の分離が起こっているようにみえるが、考える主体（仮に存在するとして）に分離は起こっていない。ＡＩ自動車の考える主体とは、ＡＩ機能そのものであり、自動車の車体は考える主体の一部ではない。人間の場合は考える主体と肉体を切り離す事はできない（参1参照）が、自動車の場合はＡＩ機能の本体と自動車の車体は同じ位置を占めているだけで別物である。つまり、ＡＩ自動車のＡＩは、自分を乗せている自動車の位置と外部の状況を自動車が衝突しないように情報処理しているだけであり、決してＡＩ機能自身を考えの対象にしているのではない。したがって、ＡＩ自動車は対自存在ではない。

ＡＩ自動車のＡＩは車体と一緒に動くから紛らわしいが、仕組みについては将棋ソフトの場合にも同じことが言える。将棋においては、将棋盤上で、王は取られないように、歩は一コマずつ進むようにそれぞれ駒の役割がプログラムされているだけであって、王が自分を客観視し取られないように行動しているのではない。将棋の王とＡＩ自動車の車体は対応している。

このように、ＡＩは人間とは何かを考えるとき、多くの材料を提供してくれる。

✧ＡＩが人間の感情・知性を持つことはあるのか

人間の感情・知性の特徴で、ＡＩの知能との比較により明らかにしてきたことも多い。そして、ＡＩが人間の感情や知性を持つ可能性について折に触れ言及してきた。ここでそれをまとめる。

⑴（ＡＩが人間の感情・知性を持たない理由　その1）（第Ⅰ章第3節）

現在の物理学では人間の感情・知性の誕生が解明できない。飛躍が起こっている。したがって、物理学を用いて人間の知性の働きを模倣しＡＩ上で人間の感情・知性は再現できない。

⑵（ＡＩが人間の感情・知性を持たない理由　その2）（第Ⅱ章第2節、79頁）

ＡＩの知能は、人間の創造物であるから人間にとっての実在の範囲内にあり、原実在の中にある人間の知性・感情とはまったく別物である。そして、原実在の中にある考える主体の《作用者の創造と意志の創造》の部分は、考えの対象にすらならないのだから、これを解明し模倣することは不可能である。したがって、AI上で人間の知性は再現できない。

(3)　(AIが人間の感情・知性を持たない理由　その3)(第Ⅰ章第3節、46頁、第Ⅲ章第1節、97頁)
AIと人間では、その内部を支配している法則が異なる。AIは電磁気学と量子力学の支配下にあり、人間は人間の創り出した法則の支配下にはない。そのため、AIには誕生前の自己同一性(同じ製品なら、機能は全て同じ)がない(生物は個体ごとにDNAが異なる。これは固有世界存在の一つの条件である)。

(4)　(AIが人間の感情・知性を持たない理由　その4)(第Ⅲ章第3節、117頁)
AIと人間ではアルゴリズムが異なる。AIの知能は情報を二進法で処理し、AIの作る概念は物理量(情報)の集合体で飛躍は起こっていない。したがって、人間のように飛躍により誕生したchiseiが認識する人間にとっての実在と、それからなる固有世界を持たない。

AIは即自存在で人間は対自存在である。即自存在に、考える主体はない。

(5)　(AIが人間の感情・知性を持たない理由　その5)(第Ⅳ章第2節、141頁)
AIには本能がない。つまり、知性を起動するスイッチがない(注)。この部分については、まだ述べていないが、ここでまとめるのが適切であると判断した。

以上の理由から、AIが人間の感情や知性を持つことはない。これが結論である。

以上の理由にもかかわらず、少しでも可能性があるとしたら、偶然誕生する場合である。私は絶対にないと確信しているが、ディープラーニングの進歩の中で突然感情や知性もどきが誕生するかもしれない。38億年前に、突然生命が誕生したような偶然が起こらないとは断言できない。もし、誕生するとすれば、人間が創り出すのではなく、偶然誕生するという可能性だけであると思う。この場合、アルゴリズムが異なるから、人間の感情知性とは別物であると思う。

（注）第Ⅳ章第2節（141頁）参照、（参11）巻末参照

第4節　「現象・認識・実在」と「実在の二重構造・飛躍」との関係

✧「実在の二重構造」と「飛躍」

これまで述べてきたように、人間が認識できるのは、人間の認識機能である五感・感情・知性でもって「原実在」を認識した「人間にとっての実在」のみである。

「原実在自身」を人間が認識することは原理的にできない。したがって、認識できない「原実在自身」から「人間にとっての実在」が誕生する仕組みを物理学で記述することはできない。これを前節では「原理的飛躍」と名付けた。

それに対して、五感・感情・知性の宿っている肉体は原子からできており、この原子から五感・感情・知性の誕生が物理学では説明できないことを「第1・第2の飛躍」と名付けた。この「第1・第2の飛躍」は、人間にとっての実在間の関係が物理学では説明できないと言っているのであり、「原理的飛躍」とは飛躍の内容が異なる。

この二つの「飛躍」と「実在の二重構造」の関係を、「ニュートンの運動の法則の創造（発見）」と「物理学を用いての五感・感情・知性誕生の説明」を例に取り整理する。

［運動の法則の創造（発見）の場合］

これは、原実在内で成立している関係を、人間にとっての実在内で成立している関係として記述するのに成功した例である（この場合も原理的飛躍は起こっている）。

（図9－1）の説明をする。

⑴　原実在の中にあるbutsuriryo《物理量》から、いかにして人間にとっての実在である物理量が誕生するのか、物理学では記述できない。この原理的飛躍を、白抜き破線矢印①で示している。破線は説明できないことを示している。

⑵　原実在間で成立している（chikara = shitsuryo × kasokudo）という関係を、人間にとっての実在

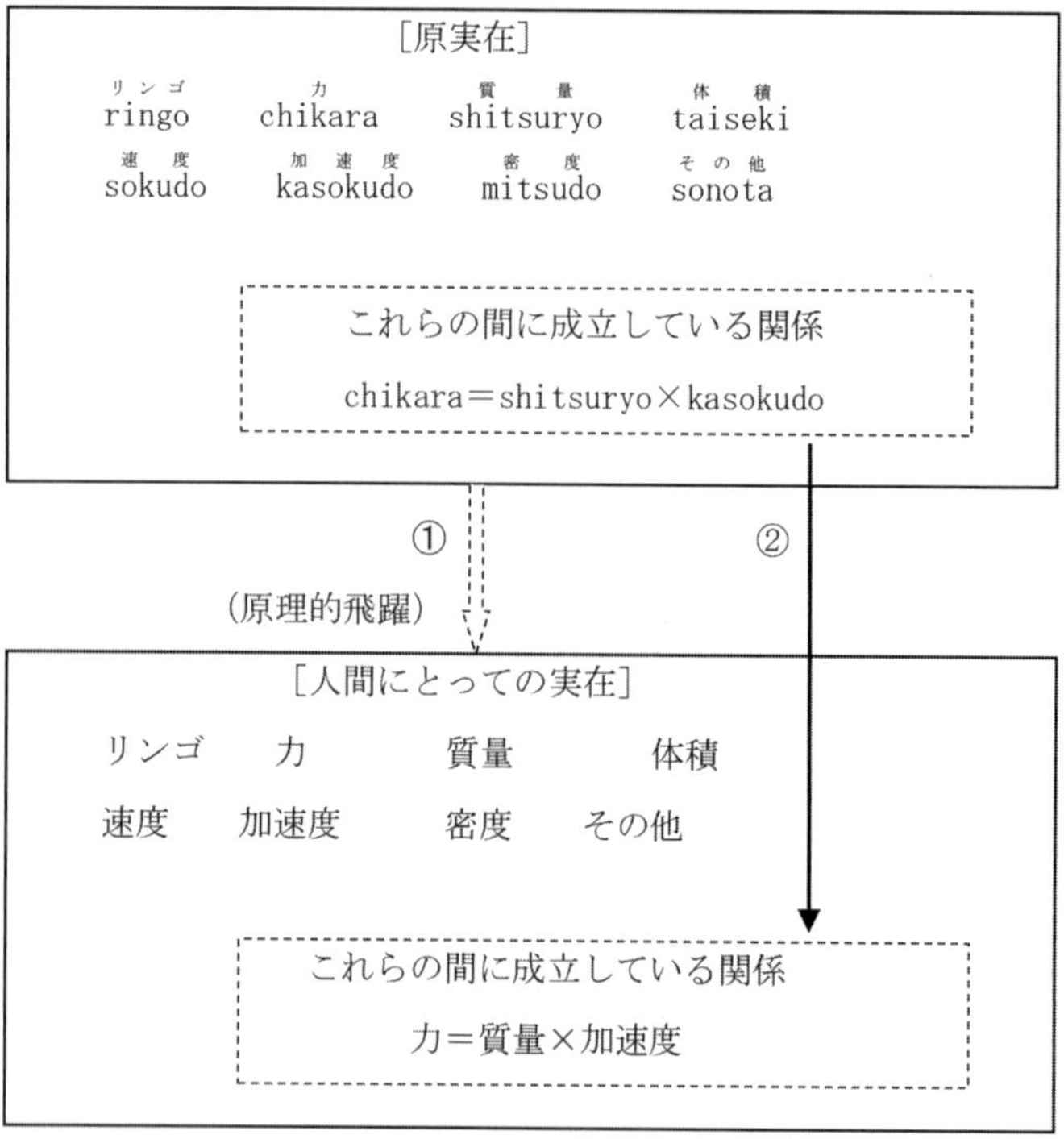

(図9-1　実在の二重構造と飛躍)

である物理量間の関係（力＝質量×加速度）として記述している。これが運動の法則（物理法則）であり、実線矢印②で示している。実線は原実在間の関係を、人間にとっての実在として記述できることを示している。

［五感・感情・知性の誕生の場合］

これは、原実在間で成立している関係を、人間にとっての実在間で成立している関係として理解している例である。この人間にとっての実在間の関係を、物理学では説明できない（第1と第2の飛躍が起こっている）。（この場合も原理的飛躍は起こっている）

（図9－2）の説明をする。

⑴　白抜き破線矢印①については（図9－1）と同じ。

⑵　原実在内で成立している関係（genshiからgokan・kanjo・chiseiが誕生した）は人間にとっての実在内では（原子から五感・感情・知性が誕生した）となる。これを、実線矢印②で示した。

⑶　人間にとっての実在内での（原子から五感・感情・知性が誕生した）を物理学では説明できない。この第1第2の飛躍を、破線矢印③で示している。

⑷　原実在内にあるchisei《知性》は、人間が認識することにより人間にとっての実在になるが、chisei《知性》に

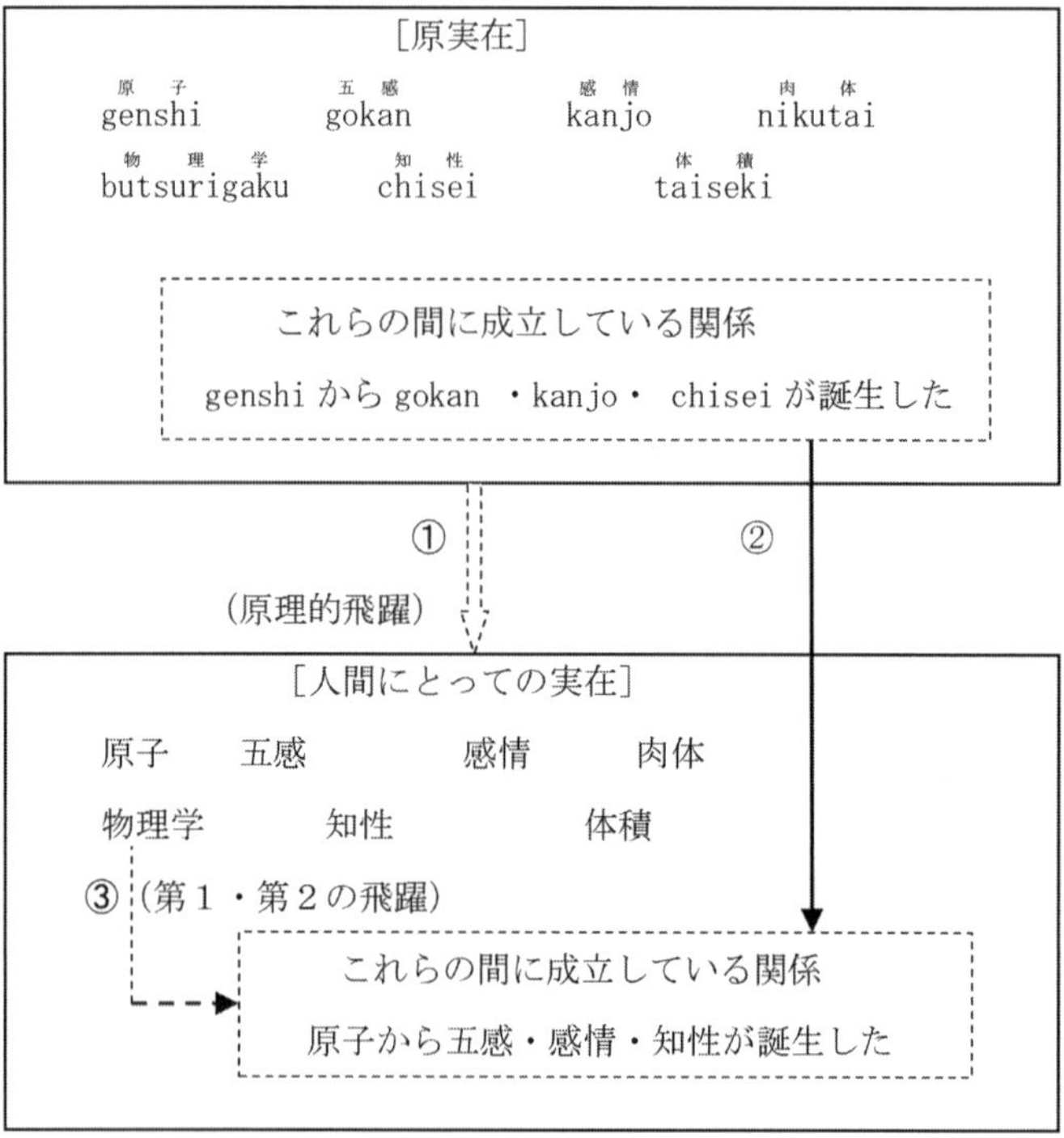

(図9-2 実在の二重構造と飛躍)

限り一部（作用者の創造と意志の創造）人間にとっての実在にならない（第Ⅱ章第2節「知性の特徴と限界〈その2〉」）。

以上により、「現象・認識・実在」と「実在の二重構造・飛躍」との関係を明らかにした。

ここで、（42頁　注1）で述べた「物理量として受信している」という意味が明確になった。第1章では「実在を一重構造」で捉えていたため、このように表現せざるを得なかった。「実在の二重構造」を基にした（図8－2）（図9－2）の内容を理解して初めて、この受信の構造が理解できる。

つまり、人間の感覚器官はbutsuriryoを受信している。それを人間のseishinはbutsuriryoを物理量として受信していると理解する。このことを第1章では「人間の五官は物理量を受信している」と表現せざるを得なかったのだ。このとき、butsuriryoを物理量として認識するという原理的飛躍が起こっている。そして、物理量から五感の誕生を説明できないという第1・第2の飛躍も同時に起こっている。

この二つの「飛躍」を理解して初めてこの事象が正確に理解できる。

✧現実の事象を本科学的実在論の中に位置づける

我々人間は、美しい景色を見て感動する。このことは、本科学的実在論では次のように説明できる。

原実在であるshizen《自然》を原実在にあるshikaku《視覚》とseishin《精神》により、人間にとっての実在である美しい景色として認識している。

ここで、これまで事例として取り上げてきた事象が、この景色の例のように「原実在」「人間にとっての実在」のどこで起こり、いかに存在しているのかを整理する。

⑴ ringoをリンゴと認識する。そして、そのリンゴを食する

ringoをリンゴと認識するというのは、原実在であるringoを原実在であるgokan・seishinで捉え人間にとっての実在であるリンゴとして認識するということである。

一方、リンゴを食するというのは、認識に関係する面と、物質間の現象という二面がある。まず、認識に関係する面として、リンゴを食したいという意志は原実在の中で誕生し、食するという行為の認識は人間にとっての実在の中にある。そして、リンゴを食するという現象は、原実在間で起こっている現象を、人間にとっての実在である物質間の現象として認識している。

⑵ ダビデ像を彫るという認識とその行為

原実在であるdairiseki《大理石》を人間にとっての実在である大理石と認識している。ダビデ像を彫るという意志は原実在の中で誕生している。彫ったダビデ像を美しいと感じるseishin・kanjoは原実在の中にあり、感じた美しさは人間にとっての実在である。

一方、大理石を彫るということは、リンゴを食する場合と同様、原実在間で起こっている現象を、人間にとっての実在である物質間の現象として認識している。

(3) 万有引力の法則の創造（発見）、科学技術の創造

万有引力については、前項で説明した運動の法則の発見と同じである。繰り返すと、原実在であるbusshitsu間に作用している関係を、人間にとっての実在である物質間に作用している関係として記述すると、万有引力の法則というかたちになるということの創造（発見）。

一般に、人間が自然法則を創造（発見）するとは、原実在内で起こっている現象を、人間にとっての実在内の現象として認識し、その中に規則性（法則）を創造（発見）するということである。

一方、科学技術は人間にとっての実在である法則を、人間にとっての実在の範囲内で応用するということである。人間にとっての実在で原実在を遠隔操作しているようなものである。自然法則の発見と科学技術はまったく別の実在間での出来事である。

(4) AIの知能の働き

新たに項目を挙げたが、これは(3)の「科学技術の創造」の一部である。人間にとっての実在である電磁気学・量子力学を使って、人間にとっての実在であるAIを創った。AIの構造を考える人間のchiseiは原実在の中にあり、AIの構造は人間にとっての実在の中にある。

dairiseki《大理石》を大理石と認識する。この大理石と認識したところから出発しダビデ像を彫るのと、人間にとっての実在である電磁気学・量子力学から出発してAIを創るのは、すべて人間にとっての実在内で新しいものを創り出しているという点で同じ構造である。どちらの場合も、それを考えている考

える主体自身（人間のseishin）は原実在の中にある。

⑸ 人間の五感・感情・知性の誕生を科学的に説明する

これは、前項で説明した。

原実在内でbusshitsuからgokan・kanjo・chiseiが誕生しているのを人間にとっての実在（科学）である物質から五感・感情・知性の誕生として記述するということである。これが現在の科学ではできないので「第1の飛躍、第2の飛躍」と呼んだ。

⑹ 考える主体自身を考えの対象にする

考える主体の働き方の構成要素の内《作用者の創造と意志の創造》は考えの対象にならないから、人間にとっての実在にはならない。《作用》と《作用結果の受信》は考えの対象になり、人間にとっての実在になる。

第5節 アインシュタインの疑問とゲーテの不満の正体を解明する

ここまで理論を展開してくると、「はじめに」で述べたアインシュタインの疑問やゲーテの不満の内容が明らかになった。というより、私が彼らの疑問や不満の本質を解明しようとして理論を構築してきたとも言える。ただ、私は彼らの疑問や不満の本質を、文献などを研究し正確に把握しているわけではない。彼らの残した言葉から、私が勝手にこういうことを言っているのだろうと推測し、それを解明しようとして自分なりの実在論を構築したということである。第4節までで、自然科学を基にした認識と実在の理論体系は完成している。そこで「はじめに」のところで述べた基礎的要素（動機）の内容が、本理論ではいかに理解されるかについて説明する。

(1)　シュレーディンガーによる生命の定義「生物は負のエントロピーを食べて生きている」という言葉に触発されて、人間の感情と知性を物理学を用いて定義しようとしたが、できなかった。しかし、このできなかったことが、新たな認識と実在の世界を切り拓くこととなった。

(2)　アインシュタインの疑問「私には、人間が物事を理解できるということがよく分からない」という言葉の意味するところについては、次の通りである。
第Ⅱ章第2節（79頁）では、考える主体の働きの内《作用者の創造と意志の創造》こそ知性の働きの中核部分であり、知性の働きそのものと言ってもよいと述べた。これが、考えの対象にならない。このことを、アインシュタインは右記の言葉で表現したと思う。私はアインシュタインの言葉に導かれて、人間の「知性の特徴と限界（その2）」を考え出した。

(3)

ゲーテの不満

ゲーテの不満「自然光の中で人間が感じる自然の美しさや感動を説明できない理論は不完全である」この意味を解明する。

前節で説明したように、物理法則とは、「原実在」間で成立している関係を、「人間にとっての実在」間の関係として記述したものである。

一方、ゲーテの述べている「自然光の中で人間の感じる自然の美しさ」とは、「原実在」を「人間にとっての実在」と認識する際に生じる感覚や感情のことを指している。つまり、ゲーテは「ニュートン物理では、五感の感覚や感情が生じる仕組みが説明できない」と言っている。ゲーテは実在を一重構造で捉えていたであろうから、ゲーテの言葉は本実在論からみると、第1・第2の飛躍のことを指している。これは、現在の自然科学でも説明できないので「飛躍」と名付けた。さらに、本実在論までは、実在の二重構造という概念はないので、明確な言葉としては表現されてはいないが、ゲーテはニュートン物理では、「原理的飛躍」が説明できないと言っているようにも取れる。「原理的飛躍」を説明することは、原理的に不可能であることを本実在論で証明している。いずれにせよ、現代科学を用いてもゲーテの不満を解決することはできない。ただ、ゲーテのこの言葉により、認識・実在と自然科学の関係に焦点を当て、それにより本実在論が誕生したことは確かである。

さらに、ゲーテが考えていたことを『色彩論』を著したことから推察すると、ゲーテは

「ニュートン物理の対象である物理的世界のみが実在ではなく、五感・感情で捉えた世界も知性で捉えた世界と同様の実在である」と主張しているように思う。

本実在論で展開している「実在の二重構造」では、五感・感情で捉えた実在も知性で捉えた実在も同じ「人間にとっての実在」であるとして理論構築をしているので、この点についてはゲーテの言葉なき不満を解決していると思う。と言うより、アイシュタインの場合と同様、私はゲーテの不満の正体を突きとめようとして本実在論を考え出した。

(4)　ＡＩに対する期待と恐怖

これまでの論理の展開でＡＩが人間の感情や知性をもつことがないことは明らかである。しかし、「人間とは何か」を考えるときＡＩとの比較の中で明らかになったことも多い。ＡＩが誕生して初めて、ＡＩとの比較の中で、人間の感情・知性の特徴や認識の仕組みを客観視できるようになった。

以上で新しい科学的実在論の理論体系が確立した。

第Ⅳ章　本科学的実在論と自然科学の進歩・人間・思想・その他

本書ではここまで、人間の精神に物理学の知識や考え方を適用し、認識と実在の関係について解明してきた。そして、直近の科学的事実や考え方を基に様々な概念を創造し、その認識と実在の関係を「実在の二重構造論」として体系化してきた。そこでは、人間の認識したものが人間にとっての実在で、その実在により人間は一人ひとりが「固有世界」を創造しているという、認識と実在についてのコペルニクス的転換を果たした。そこには、究極の自己肯定感とともに、創造者としての責任が存在する。

そこで本章では、科学的事実が本実在論に果たしている役割や、今後の科学の進歩と本実在論の関係について述べる。また、本実在論から導かれる結論と、生き甲斐や人生の意義、これまでの思想等との関係について述べる。

第1節　本科学的実在論の基礎概念、及び、自然科学の進歩による認識変化

本実在論では「飛躍」「実在の二重構造」や「固有世界」等、数多くの言葉や概念を創造し、認識

と実在の理論体系を構築してきた。この理論体系の大黒柱は何と言っても「実在の二重構造」であり、理論展開の要は、物質世界の探究の手法を精神世界の分析探究に持ち込んだことである。

「実在の二重構造」という概念は、人間とナメクジの例や原子構造探究実験の例で示した認識と実在の構造と、現在の人間の認識能力が進化の最終形態ではないという考えを基礎として、相対性理論・量子力学の自然認識を理論的根拠としている。そして、このように考えるに至った背景には、（参6）で紹介しているカントの言葉と、（参8）（参9）で紹介している相対性理論の時空認識、（参4）（参10）で紹介している量子力学の空間認識（現実の空間は複素数空間(注1)であるという事実）が大きく影響している。これらについて述べる。

まず、カントの言葉について、カントは「人間は、自然そのものがどうなっているかということは分からない。人間にとって分かるのは、自然が人間にとってどうなっているかということだけだ」と言った。第II章第2節で述べた原子構造探究実験の例は、原実在と反応する性質しか人間は知り得ないことを示しており、カントの言葉を裏付ける内容になっている。さらにカントは、人間の認識の形式についても述べているが、これについては（参6）を参考にして欲しい。このようなカントの言葉を出発点として、いろいろな概念を創造し科学的な考え方や探究方法を人間の精神に適用し、本実在論を構築している。

次に、自然の奥深さを人間に知らしめ「実在の二重構造」という概念を創造する遠因にもなった、物理学の進歩による自然認識の変化について述べる。物理法則発見のたびに自然認識は変化してきたのであるが、認識と実在という面からみて特に大きく変化したのは、古典力学・電磁気学から相対性理論・量子力学への進歩に伴う変化である。電磁気学まではその対象とする物理量がすべて実数で表され、法則を基に現象をイメージすることができた。ところが、相対性理論の４元ベクトルや量子力学の波動関数は複素数で表され、それらの物理量や物理現象の全体像をイメージすることはできない。(注２)その原因は明らかである。人間の五官はエネルギーに反応し、エネルギーは実数で表される物理量であるから、人間の五官は実数の世界しか捉えられない。日本の諺に「百聞は一見に如かず」というのがある、英語では「to see is to believe」つまり、人間は視覚化することにより理解するという認識の形式を持っている。見えないものを視覚化するには、そのイメージを創る基となる類推の材料が必要である。ところが、複素数で表される物理量にはそのイメージを創るのに必要な類推の基となる材料がない。視覚はエネルギー（実数で表される）に反応しているので、実数の物理量しか視覚化できない。

したがって、相対性理論や量子力学の世界は、人間の一番得意な認識形式、視覚化して理解するということができない。できるのは数式を通して理解するということだけである。もちろん、この方法が有効であるから今日の科学文明が構築されている。ただ、本実在論のテーマである「認識と実在」という面から見ると、五官で捉える実在と相対性理論や量子力学の捉える実在との乖離は決定的となってしまった。

本書では、乖離してしまった二つの実在を、どちらも同じ「人間にとっての実在」であるとして、新しい実在論を構築している。

(注1) 物理現象の舞台である空間は厳密には複素数を用いないと記述できないことを指している。具体的には、波動関数は複素数で記述されることを指している。

(注2) 「実在の二重構造」や「固有世界の存在」等について古典力学の認識の範囲内では実感が湧かない。相対性理論の時空や量子力学の波動性と粒子性の事実を理解することによって初めて実感できると思う。少し長くなるが、(参9)(参10)で例を挙げて説明している。

第2節 本科学的実在論構築の基礎となる科学的事実とその意味すること

これまでも再三取り上げてきた二つの科学的事実、138億年前に「宇宙が誕生」し現在も加速膨張をしていることと、地球では38億年前に「生命が誕生」し現在も進化し続けているということの影響について述べる。

これらは、科学の進歩により初めて明らかになった事実であるが、明らかになった以上、科学的実在論を構築する基礎的事実となる。

例えば、人間のseishinが「原実在」の中にあるということは、実在の二重構造という概念とともに、uchuが誕生し、seimeiが誕生し、その後人間のnikutaiやseishinが誕生し進化してきたことから考えて、疑いようのない事実であると確信できる。このように、これらの発想は科学の進歩を踏まえた結果である。

✧宇宙の誕生とその意味すること

まず「宇宙の誕生」であるが、ビッグバンにより宇宙が誕生し現在も加速膨張(注)を続けているのであるから、無限の過去から無限の未来へと一様に続く宇宙や時空を基礎にした人生の意味づけはその根底がすべて覆される。人生にも宇宙にも誕生があり変化していく。常に変化しているのだから、一般的な意味での永遠を求めることはできない。もう一つ、ビッグバン直後の状態を考えると、そこに物質的な存在以外のもの（例えば、生命、霊魂）が存在するとは考えられない。したがって、人類の目的や、個人が生まれる以前からある人生の目的などあるはずがない。つまり「人生の意義」や「生き甲斐」はすべて人間の創造物であり、ダビデ像に何かの象徴として意味を見つけるのと同じ第３次の人間にとっての実在である。また、宇宙誕生の目的などは論外である。

（注）宇宙が単なる膨張ではなく、加速膨張しているという事実（１９９８年発見された）にも大きな意味がある。高校物理ではエネルギー保存の法則を絶対法則としている。宇宙が加速膨張しているということは、エネルギー保存則は成立するのか？　するとすれば加速膨張に必要なエネルギーはどこから出てくるのか？　しないとすれば、それに代わる原理や法則とはどのようなものなのか？　という疑問が出てくる。宇宙について考えるとき、人間はいろいろなことを知ったが、より基本的な疑問を突き付けられている。

✧生命の誕生とその意味すること

次に、「生命が誕生し、現在も進化し続けている」という事実である。ダーウィンの進化論が出る以前は、生命や人間が人智を超えた創造主によって意図をもって創り出されたという考えを基に、又は誕生には疑問を挟まず現実を受け入れ「人間とは何か」「いかに生きるべきか」について考えてきた。前者の場合は、人間を超えた存在である創造主の意図を考えた。後者の場合は、現状の分析だけでは真理に到達できなくて、生命の保存・種の保存の重要性を考慮に入れない理性的な（理想的な、空虚な）人間像を構築してきた。

しかし、生命が38億年前に誕生し、進化によって現在のようになったとすると、人間のDNAには38億年間の進化の中で身に付けてきたものが蓄積されていると考えるべきである。そうでなければ生命の連鎖は維持できない。また、進化によって現在の状態になっていることを考えると、現在の人間の状態が進化の最終形であるとは思えない。これからも、進歩か後退かは分からないが進化していくだろう。(注)進化論を正しいと捉えるならば、このような認識の基に実在論は構築されるべきである。

このように考えると、現在の人類の姿はほんの一瞬地上に出現した儚い輝きである。しかし、本実在論は現在の人間の存在や認識が幻ではなく、儚いがしっかりとした実在であると実在の意味を解き明かしている。

（注）進化の速さを確認する。38億年前に生命が誕生し、ほ乳類は2億年前に誕生した。人と名の

ついている猿人の登場は約400万年、ジャワ原人や北京原人は約200万年、我々の直接の祖先であるホモサピエンスは約20万年前に登場した。そうすると、ホモサピエンスが誕生してから現在までの1000倍の時間が経過すれば、ネズミのようなほ乳類が誕生してから現代人にいたるという計算になる。このスピードで進化していくとすると、今後起こる人類の進化など我々の想像を超える。

✧本能と感情・知性の関係

まず、生命が38億年かけて進化したことから考えると、DNAの中にその仕組みが組み込まれていなければならない。それは、第1に自己保存本能（食欲や危険回避）であり、第2に種族保存本能（性欲）である。これらがなければ、生命の連鎖を繋ぐことはできない。その後に、人間でいえば感情や知性が誕生した。そして、この感情や知性は本能の意志を実現させるように働くと考えるべきである。もしくは、結果的にそうなった者のみが生き延びてきた。極言すれば、人間の感情や知性は本能の意志を実現させるための手足である。知性があまりにも進化したために、ダーウィンやフロイト以前は本能と感情・知性が主客転倒して理解されてきた。進化の事実を知らなければ、知性のみ独り歩きし、人間だけ特別な存在だと考えてしまう。

本能と感情・知性は、行動を指示する本能と指示される感情・知性という関係にある。本能の指示（欲求）を実現させるため、情報を適切に処理するのが知性で、目的に向かって行動するよう体内か

ら作用させているのが感情である。(参11)

象徴的に、感情と知性は本能の手足と表現したが、人間は本能の指示のままに動くという意味ではない。知性と感情は本能の指示（要求）を受けるが、人間はそれらすべてを考慮した上で行動するかどうかの判断をしている。理性(注)の判断と本能の指示が一致する場合はよいが、一致しない場合はそこに葛藤が生まれる。これが、フロイトの言う、自我・超自我・無意識の関係として表れている。

本能は、感情・知性に指示（欲求）を出すのであるが、これは見方を変えると行動へのスイッチを押すということである。人間（動物）は、感情・知性の外に本能というスイッチを持っている。スイッチは必ず本体の外側から押す。本能のないＡＩには目指すべき目的も行動へのスイッチもない。即自存在であるＡＩ内にはスイッチはおろか見る自分と見られる自分という分離さえ起こっていない！　したがって、ＡＩには外部から、計算を行えとか、記憶しておけという命令が必要である。この点も、体内に行動へのスイッチを持つ人間とは異なる（ＡＩが人間の感情・知性を持たない理由その５）。

（参11）巻末参照

（注）本書では、知性と理性という言葉の使い分けについて、次のように決めている。知性に善悪等の判断が付け加わったものを理性と呼んでいる。

第3節　物理学が極限まで進歩したとき、「原実在」と「人間にとっての実在」の関係はどうなるのか

物理学の究極の目的の一つはすべての自然現象を一つの方程式により記述することにある。つまり、「自然の摂理」の深奥を解明することにある。現在は、一般的には四つの力を統一する理論[注]が出来上がればそこに到達できると考えている人は多い。そしてその一歩手前まで来ていると考える人も多い。究極の方程式が発見（創造）されるのかどうか、また発見されたとしてもそれが正しいことを実験で検証できるのかどうか、私には分からない。仮に、究極の方程式が発見（創造）された場合においても、自然の深奥に到達したのではあるが、「原実在」と「人間にとっての実在」は等しくはならない。

これまで説明してきたように、「原実在」と「人間にとっての実在」の間には「原理的飛躍」が存在する。究極の方程式が発見（創造）されたとしても、それはあくまで「人間にとっての実在で構築した究極の方程式」ということであり[参12]、「原理的飛躍」を説明することはできない。さらに、その究極の方程式はあくまで物理学が対象としている物理量にとっての究極の方程式というにすぎない。物理量でないもの（五感・感情・知性）の誕生を対象とした「第1・第2の飛躍」さえ解明されるとは限らない。仮に、究極の方程式により、第1・第2の飛躍の内容が科学的に説明できるようになったとしても、飛躍と言っていた内容が科学的な説明で置き換わるだけである。「原理的飛躍」の存在を明らかにし、それを基に実在を「二重構造」で捉えた本実在論は揺るがない。

また、究極の方程式が発見されれば、それにより原実在を完全に支配（コントロール）できるのかということも問題になる。現在の理論ではこれは不可能であると言わざるを得ない。現実の物理量と、理論が対象としている物理量との間には、量子力学の示すように確率を通しての対応がついているだけである。不確定性原理により、人間の知りうることの精度には限界もある。したがって、コントロールできることにも限界がある。

（注）四つの力とは、重力・電磁気力・弱い力・強い力のことで宇宙誕生時にはこれらの力は一つであったと考えられている。その後、宇宙の温度が下がっていくに従い相転移を起こし、四つの力に分裂していったと考えられている。この四つの力を一つの方程式で表せば、その方程式は究極の方程式ということになる。

（参12）巻末参照

第4節　人生の意義・人生の儚さ・生き甲斐の創造

第Ⅲ章までで「認識と実在」についての理論体系は完結しているが、本書を書こうとした根底には「人生の意義は実在するのか」「実在するとはどういう意味か」ということを突き止めたいという気持ちがある。つまり、これらを解明するために、「認識と実在」の理論を構築してきたとも言える。ここでは、これらに関係することについて述べる。

現在では、「人生の意義」や「いかに生きるべきか」について考えるとき、宇宙が１３８億年前に誕生し、生命は地球では38億年前に誕生した事実を無視することはできない。この事実から、個人にとって生前より存在する人生の目的や意義などあるはずがないことは誰もが想像できる。しかしながら、生前よりの意義はなくても、誕生してからのものでも人生に意義を求めるのは、人間の抜きがたい本性であるように思う。

サルトルは「生には決まった意味はない」しかし「生には意味がないわけにはいかない」と言ったが、この言葉は、人間の生に対する考え方や姿勢を言い表している。また、ニーチェは「神は死んだ」「この世ならぬ希望を語る者に耳を傾けるな」と言い、現実に基礎をおいた生の意味づけを模索した。これらの考え方や姿勢は、本実在論では、固有世界の創造に関係する姿勢・考え方の一つとして位置づけられる。つまり人生の意義は「第３次の人間にとっての実在」に属する。ダビデ像を見て、そこに何かの象徴的な意味を見つけるのと、人の生の営みの中に意義を見つけるのは同じ「第３次の人間にとっての実在」である。ただ、この実在は儚い。すぐに消滅する。誰もこの儚さからは逃れることはできない。しかし、儚いからといって、ないわけではない。儚いが確かな実在であるこの「第３次の人間にとっての実在」の創造こそが人間のなし得るすべてである。そこに何を見つけるかは人それぞれであるが、この「人生の意義」とか「生き甲斐」の創造こそがそれぞれ個人にとっての「究極・至高」の創造である。そして、各個人がそれぞれの責任において人生の意義を創造するのであるから、各個人に創造者としての責任があるのは言うまでもない。

ここで創造と言っているのは、これまでにない新しいものを創り出すことを指しているのではない。「人生の意義」や「生き甲斐」を見つける、そのことこそが創造である。

第5節　本科学的実在論とこれまでの思想との関係

本書では、考えるという行為自身を考えの対象にし、「認識と実在」の関係を明らかにしてきた。実在が人間の認識行為(注)を離れて存在するのではなく、認識行為と対象の関係の中にこそ存在すると考えた最初の人は、「本書の萌芽」の所で述べたプロタゴラスであると思う。私の中では、その次に印象に残っているのは、デカルトである。彼が、その著書『方法序説』の中で言っている「我思う、ゆえに我あり」という言葉である。究極の実在を求めてすべてを疑い抜き最後に残ったのは、「疑っている自分」であったというわけである。「我思う」という認識行為の内にあったというのである。本実在論の論理の展開とは異なる点もあるが、実在は人間の認識行為と無関係に存在しているのではないという点では通ずるものがある。

次に印象に残っているのはカントであるが、カントは単に言葉だけでなく、本実在論の論理展開の根底の部分に関係している。（参6）で紹介している内容に、物理の知識や考え方を付加して本実在論を構成したとも言える。

それでは実存主義哲学は本実在論に関係しているのか。ニーチェは「神は死んだ」「この世ならぬ希望を語る者に耳を傾けるな」と言い、サルトルは「実存は本質に先立つ」「人間の本質は作られるものだ」と言った。彼らは、在りもしないものに根拠を置くのではなく、目の前の現実に立脚した人生観・生き甲斐を創造すべきだと考えた。これらの考え方は、科学的事実と物理的考え方を人間の精神に適用し、科学的実在論を構築してきた本書の姿勢に繋がるものである。現実を「今」という瞬間ではなく、宇宙の誕生・生命の誕生から現在、さらに未来までの進化の中で捉えるというところが異なる。現実を138億年という時間の流れと、38億年という進化の過程を含めて考えるということである。そうすると人間の本質は存在することになる。事実、人間は、38億年の進化の過程で獲得してきた能力や性質を遺伝子として引き継ぎ、誕生時にすでに持っている。したがって、この遺伝子の中に蓄積されたものこそが人間の本質であり、人間の本質は存在すると言える。このような生物としての人間の本質は存在した上で、社会的存在としての人間の本質については、サルトルの言うように「実存は本質に先立つ」と言える。

科学の進歩によって多くの事実が明らかになり、かつて真理であると思われていたことが否定されるということはよくあることではあるが、人間の思考形式は古代に多くの萌芽が出ている。現在の科学からみればプラトンのイデアの世界など存在するはずがない。しかし、実在を二元論により説明しようとした姿勢は本実在論に繋がる。また、究極の方程式の探究やエネルギー一元論はターレスの「万物は水よりなる」と同じ発想である。ドルトンの原子論は、デモクリトスの原子論の復活であるし、ダーウィンの進化論も古代ギリシャや中国で誕生した進化論の復活である。数え上げればきりがない。もちろん、これらは、単なる主張から事実に基づいた科学となってはいる。

（注）もちろん認識機能にも関係しているが、それも含めてこう表現している。

第6節　その他

✧AIと本能

ＡＩは人類の英知の結晶であり、その進歩は素晴らしい。さらに将来、ＡＩはこんなことができる、あんなことができるようになるだろうと夢を語っている。今後、我々の生活のすべての分野にいっそう深く浸透してくるのは間違いない。しかし、進歩と比例してＡＩに対する恐怖が増大しているのも事実である。現在は、ＡＩの恐怖は人間が追い抜かれてしまうことや、職を奪われることに対する恐怖であったりする。でも本当に恐れなければならないのは、感情と知性を持たないものに支配され、人間としてのアイデンティティや尊厳を見失うことである。ＡＩが人間の感情や知性を持つことは原理的にあり得ない。仮にＡＩが感情や知性を持ったように見えても、人間の感情や知性とは別物である。人間の感情と知性の原点は、自己保存と種族保存を目的とした本能であり、生命でないものに本能はない。ＡＩには、「人生の意義とは何か」「いかに生きるべきか」というようなテーマはない。

現在、ＡＩはディープラーニングという自己学習能力を獲得しつつある。これがさらに進化していけば２０４５年にはシンギュラリティ（技術的特異点）がやってくると言われたりしている。ＡＩが将来どのように進化していくのか私には分からないが、人を助けるために猛火の中に躊躇なく飛び込んで行くロボットが、次の日には躊躇なく人を殺すと思う。なんと言っても人間の感情・知性とは別物なのだから。とんでもない悪魔を創り出し、その時、人類は引き返すことのできない危機に直面する可能性がある。

そこで、原子核兵器の問題や生命科学の遺伝子組み換えに関する倫理委員会のようなものをＡＩについても作る必要があると思う。

✧因果律・決定論・自由意志

人間への飛躍で人間は主体性を獲得したと述べた（46頁）。つまり、未来は人間の意志により切り拓けるというのである。しかし、運命という言葉があるように、未来はあらかじめ決定しているのではないのかという考えがある。量子力学以前の物理学は、物理現象の因果関係を明らかにするという方向で進歩してきた(参13)。つまり、未来が決まっていないように見えるのは人間が未来を予測するのに必要な情報を持っていなくて、それを処理する能力がないだけだという考え方である。しかし、量子力学によれば、未来は確率により決定する。そうすると、未来は不確定になり、人間の自由意志の入り込む余地ができる。

（参13）巻末参照

✧霊魂の存在証明

これまで説明してきたことから、霊魂が存在するかどうかということは、第2の飛躍が死後も残るのかどうかということと同じである。そうすると、人間の脳内電流・電荷・磁気分布のエネルギーが、何らかの仕組みで死後も残るのかどうかということである。したがって第2の飛躍の仕組みを解明すれば、霊魂が死後も存在できるのかどうかはっきりする。常識で考えれば、霊魂は存在するはずがない。しかし、自然は我々人間が考えているより遥かに深い。もし、人間が自らの手で第2の飛躍を創造できたら、そのときには霊魂が存在するのかどうかはっきりすると思う。

✧他我は実在するか

誰しも他我は存在すると思っている。他我が存在しないと思っていたら本気で会話などできない。それでは、他我が存在するかどうかは、何を解明すれば証明したことになるのか。これまで、これが分からなかったと思う。ところが本実在論では、人間の認識と実在の構造を明らかにした。このことから、「他我」の存在を証明するとは「人間にとっての実在」が受けている認識機能と認識行為の影響を明らかにすればよいということになる。これは前（96頁）に述べた、ある人Aが認識する「リンゴ^{A}」と他の人Bが認識する「リンゴ^{B}」は同じであるのか、ある人Aが感じる「愛^{A}」と他の人Bが感じる「愛B」は同じような感情であるのかという質問と内容的には同じである。

【認識機能について】

人間は皆ほぼ同じＤＮＡを持っていることから、他人もほぼ自分と同じ認識機能を持っていると推測できる。しかし、直接的証明は、第1第2の「飛躍」が科学的に解明されない限りできない。

【認識行為について】

本実在論では、人間は、人間にとっての実在で構成された固有世界の中にいる。現在、各固有世界間の関係がはっきりと分かっているのは、ローレンツ変換で変換される時空と質量だけである。各固有時空間と各固有世界間には同じ関係が成立することから推測して、認識行為の影響は少なく、他人もほぼ自分と同じ固有世界の中にいると推測できる。

以上から、他我を構成する要素と自我を構成する要素にほとんど差はない。そして最後に、他人と会話ができるということが、自我と他我が同じレベルの認識を持っていることを示しており、「他我は実在する」ということを間接的・総合的に証明している。ちなみに、ＡＩは会話をしていない。ＡＩがしているのは、会話もどき（物理量に対する物理量による反応、自動販売機の例）であって会話ではない。なぜなら、会話とは同質の固有世界間の情報のやり取りであって、固有世界のないものに会話は存在しない。

✧蜃気楼は実在か

蜃気楼は実在である。本実在論では、五感・感情・知性で捉えたものすべてが人間にとっての実在である。蜃気楼が幻であるというのは、物質（第1次の人間にとっての実在）のみを実在と考えているから幻と捉えるのであって本実在論では幻ではない。もちろんそこに物質が存在していると言っているのではない。そこから光が来ているのは事実であり、蜃気楼という形の実在である。

✧科学的真理と実在

五感・感情・知性が相補いながら人間にとっての実在を創り上げている。

目の錯覚を使っただまし絵というのがある。つまり、視覚はよく錯覚する。しかし、錯覚するのは視覚だけではない。知性にも特徴と限界があり、よく誤解や錯覚をする。万有引力の例で説明したように、現在、真理であると思っていることも、将来は否定され書き換えられる可能性がある。究極の方程式に辿り着くまでの科学的真理とは、その時代では、現象を一番正確に説明できるというにすぎない。また、人間が知り得るのは、原実在ではなく真理という名の「人間にとっての実在」である。原実在と認識機能・認識行為との関係の中に存在する事実である。

例えば「物体は下があるべき位置だから落下する」という考えはアリストテレスにとっては真理であったが、現在では誤りである。したがって、現在からみればアリストテレスは誤りの認識の中にいた。しかし彼は、彼自身の創造した人間にとっての実在である真理の中にいた。現在からみれば彼の認識は誤っていたが、彼は誤りの世界にいたのでも幻の中にいたのでもない。彼の創造した人間にとっての実在である真理の中（真実の世界）にいた。我々も同様である。

✧科学技術の性質

現在の科学技術の進歩は凄まじく、宇宙や生命の誕生までその視野に入れている。小惑星の微粒子を地球に持ち帰り、人間が一生かかってする計算を1秒で行い、iPS細胞まで創り出した。しかし、この凄い科学技術を用いても、田植えをすることなしに1粒の米を2粒にすることはできない。小惑星の微粒子を地球に持ち帰ることはできても、1秒後の電子の位置を正確に知ることはできない。科学技術は可能と不可能を峻別してきた。可能を繋げば、今述べた凄いことになるが、不可能な部分は不可能なまま残る。自然の摂理を利用しなければ、1粒の米どころか細胞1個さえ創り出せない。これが、科学技術の性質である。AIについても、偶然誕生する以外AIが感情や知性を持つことはない。

✧実在と永遠

実在について考えていくと、永遠との関係について触れないわけにはいかない。どうしても、実在の属性に永遠があるように考えがちである。しかし、人間が知り得るあらゆるものに永遠はない。人間の命に永遠はない。いくら科学的事実に基づいた実在論を展開しても人生の儚さから逃れることはできない。むしろ、より儚さが浮き彫りになるだけかもしれない。人間はよく「永遠の愛」とか「永遠の命」とかを口にする。「永遠の愛」は言うまでもなく「永遠の命」などあるはずがない。時間とは現象が変化して初めて定義でき、現象の変化なしに流れる時間など存在しない。言葉遊びで詭弁かもしれないが、もし、万物が変化していく現象の中に永遠を見つけようとするなら、「ある瞬間にある現象が起こった事実は永遠に消えない」という意味でしか永遠は存在しない。

✧本実在論の射程

西洋哲学といえば、「物質と精神」「主観と客観」というような対立する概念の上に構築されている。例えば、「物質と精神」は一元論に統一されるべきであるが、実在の二重構造という概念、及び人間の精神は原実在の中にあるという事実が解らなかったために統一されなかった。

一方、東洋思想といえば老子荘子の「無の思想」とか西田哲学の「純粋経験」という概念の上に構築されている。西田哲学を例にとると、「純粋経験」を根源的実在とし、そこから実在論を展開している。そのため、そこより深い部分についての解明はなく、この方法では二重構造をしている実在の本質には到達できない。

本実在論では、考えるという行為自身を考えの対象にすることによって、従来の西洋哲学・東洋哲学の対象としなかった部分を明らかにしている。このことにより、西洋と東洋を包含する実在論になっている。

西洋・東洋の考え方の違いについては、第二部の後日談のところで説明しているので参考にして欲しい。

第二部

「認識と実在」探究対話

―著者と友人との仮想対話―

はじめに

第二部は、本実在論と関係のある知の巨人たちの残した言葉や業績を取り上げ、第一部で述べたことの意味や理論展開の背景を補足することを目的としています。

「人間とは何か」「実在とは何か」「認識と実在の関係」について、巨人たちの言葉や業績を自由に抽出し、私が「飛躍」「実在の二重構造」「固有世界」等の概念や理論体系を創造した発想や明らかにしたことを交錯させながら、本実在論の意味するところを浮き上がらせようとしています。

巨人たちの言葉や業績については、できるだけ史実に忠実に取り上げようとしていますが、巨人たちが考えたことについては、基本的には私の推測です。時代背景から巨人たちはこう考えたであろうという私の想像や、こう考えたとすると論理が繋がるという私の推測を基に、私と友人との対話という形式をとっています。私としては真実に迫っていると思っていますが、的を外している部分もあるとは思います。第一部で展開した理論を補足し、そう考えるに至った過程を説明するにはこの形式が一番いいと判断しました。

登場人物

濱田《はまだ》……著者
文成《ふみなり》……著者の高校教員時代の先輩教員で元大学教員
理一郎《りいちろう》……著者の高校教員時代の同僚で現在大学教員
教子《きょうこ》……司会者（著者・文成・理一郎の教え子）

司会者　参加者の皆様、ご参加いただきありがとうございます。このたび濱田さんが、物理学の考え方を人間の精神に適用し、新しい「認識と実在」の理論体系を提案されました。そこで濱田さんには、どのように考えられてこのような理論体系を創られたのかを話していただきたいと思うのです。また、文系と理系の両方に関係する内容ですので、高校時代の恩師の文成先生・理一郎先生にもご参加いただきました。哲学・自然科学の面からのご意見解説をお願いいします。ただ、恩師に囲まれていますので、少し緊張しています。恩師であることを忘れて司会したいと思いますので、敬称を先生ではなく、さん付けにさせていただきます。ご了解ください。

第一章　自然哲学の誕生（ターレス、プロタゴラス、アリストテレス）

司会者　濱田さんは、古代ギリシャの哲学者ターレスの「万物は水よりなる」という言葉をよく取り上げておられます。文成さん、この言葉はどのような考えから出てきたのでしょうか。

文　成　皆さんもご存じのように、私は高校と大学で教鞭を執り哲学には愛着を持っています。私は教育者として、かつての哲学者の残した言葉や著作についても教えてきました。私の哲学についての主な興味・関心は、かつての哲学者がどのように考えて後世に残る思想を構築していったのか、又これをいかに生徒や学生に伝えるかということにあります。この質問のように、ターレスがどのように考えたのかについて答えるには、できるだけ史実に基づいて話したいとは思いますが、私の推測の部分もかなり多くなります。もし、推測の部分を排除しようとするならば、史実や文献を研究すればよいと思うし、そういうことを期待するなら、私は適任者ではありません。この点を了解いただきたいと思います。

理一郎　私もまったく同感です。私も高校と大学で、高校物理とその指導法を教えてきましたが、物理や自然科学の対象をいかに説明すれば生徒や学生が理解しやすいかということを考えてきました。表面的な原理や法則の背後にある考え方や思想、発見されるに至った歴史的背景等に興味・関心をもっています。この視点から話すことを了解いただきたい。

司会者　了解しました。それでは文成さん、お願いします。

文成　ターレスが生きていた古代ギリシャは文明が誕生したばかりで、自然についても人間についても何も分かっていなかった。ターレスは、「万物は水よりなる」という考えの前に「自然は単純である」という考えをもったのではないか、と私は思っています。それでは、どこからそのような考えが出てきたのか。ここからは私の推測です。私は海辺の村で生まれ、海を見ながら育ちました。古代ギリシャのターレスも同じような環境ではなかったかと思います。私は、子供の頃よく釣りをしました。よく晴れた日などは、空の青と海の青が溶け込み、空と海が一つになってしまったような不思議な感じがしたことをよく覚えています。私が不思議な感じで済ませたものをターレスはそれをキッカケに、二つに見えているものも実は一つのものではないか、さらに世界を作っているものも実は一つではないかと考えたと思う。第一部で濱田君も湯川秀樹の言葉を紹介している。繰り返しませんが、ターレスの結論「万物は水よりなる」、つまり「自然は単純である」という考えが自然科学の源流になっていった。デモクリトスの原子論やアリストテレスの四元素説などもここが源流なのです。

山の中で生活していては、この考えは浮かびにくい。山の自然は複雑すぎる。

司会者　なるほど、よく解りました。濱田さんは、ターレスの言葉とともにプロタゴラスの「人間は万物の尺度である」という言葉もよく取り上げています。それでは、この言葉はどのような考えから出てきたのですか。

文　成　プロタゴラスは、現在ではソフィスト（知恵のある者）と呼ばれていますが、否定的に弁論術に長けた者、さらには詭弁家というような捉え方をされたりすることもあります。私は、このプロタゴラスこそ、考えの対象が人間の捉え方によって決まるということを言葉にした最初の人であると思う。人類初の相対主義の言葉であると思う。しかし彼はこの言葉を、第一部で濱田君が展開している実在論の「考える主体の認識行為・認識機能と、対象との関わりの中に実在がある」という意味で言ったのではないと思う。古代ギリシャ時代にそこまでの意味を含ませたとは思えない。

司会者　それでは、プロタゴラスのこの言葉はどのようなことを指しているのですか。

文成　複雑な事象を考えたのではないと思う。例えば、市民で不幸な顔をしている人、奴隷で幸せそうな顔をしている人を見て、人間の幸せは捉え方によって変わると思ったかも知れない。また、同じ物を食べても、空腹のときは美味しいし、満腹のときや病気のときはまずい。生の営みで一番単純な食事においてすら捉え方によるのだから、すべてが捉え方によって決まる。この考えを拡張し「人間は万物の尺度である」と表現したのだと思う。ターレスの場合と同様、身の周りの現象からこのような思想にまで高めていったと思う。当時、真の実在は人間の捉え方とは無関係に存在すると考えられていたから、人間の認識と実在を結び付けたプロタゴラスのこの言葉は、大きな意味をもっている。

司会者　なるほど、プロタゴラスの言葉を濱田さんが取り上げた理由は分かりました。それでは当時、真理や実在についてはどのように考えられていたのですか。

文成　「真の実在とは何か」というのは、古代ギリシャ時代から哲学者の研究対象であった。人間は真の実在について無知だと知らなければならない。ソクラテスはこれを「無知の知」と表現した。また、プラトンは、真の実在である「イデアの世界」の存在を仮定し、その影として現実の世界を説明しようとした。アリストテレスはプラトンの「イデアの世界」に反発し、現実の中に真の実在を探究し、それに根ざした学問体系を構築していった。つまり、彼らは真の実在の探究者だったのです。

司会者　なるほど、古代ギリシャの時代から人間は「真の実在」を探究し続けていたのですね。理一郎さんはこの点について何かおっしゃることはありますか。特に、古代ギリシャの思想を集大成し、理論体系を構築したアリストテレスは、自然や人間についてどのように考えていたのでしょうか。

理一郎　アリストテレスの業績は、あまりにも広範囲にわたるので一言で表すことはできないよ。現在（21世紀）の人から見れば、科学的事実についてはほとんど間違っていると思う。しかし、考え方については多くのものを生み出し、後世の学問の基礎になっていった。数え上げたらきりがない。
第一部を読んで、少し濱田君の説明に追加説明したい部分があった。濱田君は、万有引力のところで、アリストテレスは、「物体は下があるべき位置だから（重い物ほど速く）落下する」と言ったと説明していたが、それは少し違う。彼は、密度の大きいものが下になるということを言いたかったのだと思う。水に、鉄球と石ころと木片を入れてかき混ぜると、鉄球が一番下にその上に石ころがその上に水が、そして木片は水に浮いている。この現象について言ったのだと思う。彼の時代には感覚で捉えた密度という概念はあっても、科学により正確に定義された密度という概念はなかった。同時代のアルキメデスは、王冠の成分の調査の過程で密度という概念に辿り着いたようだが、それは彼だからこそ理解できたのであって、一般には正確な概念とはなっていなかった。

濱　田　なるほど、落下について、アリストテレスとガリレオが対象としたのは別の現象であった。そう考えるとアリストテレスの言葉は納得できます。それでもガリレオまで、重たい物と軽い物を同時に落下させるという実験を誰もしなかったのは不思議ですねえ？　ヘリコプターの原理を考えたダ・ヴィンチも疑問を持たなかったのですかねえ？

司会者　簡単な実験だけに濱田さんの疑問も分かります。古代ギリシャについてはこれで終わります。

第Ⅱ章　自然と人間、そして実在とは何か
（デカルト、ニュートン、ハミルトン、ゲーテ）

司会者　それでは次にルネサンス以降に移ります。まずデカルトについてです。あの有名な「我思う、ゆえに我あり」はどのようにして出てきたのですか。文成さん説明してもらえますか。

文　成　了解しました。現代人はデカルトのことを主に哲学者と捉えていますが、元々彼は数学者で数学や自然科学、医学にも多くの関心をもっていました。『方法序説』は、実は500ページに及ぶ著書の書き出しの部分なのです。だから序説なのです。残りの大部分は現在の言葉で言えば自然科学や人体について書いています。この部分は現在の自然科学や医学から見るとほとんど誤りです。彼の時代には、自然について部分的な知識が存在しただけで、自然科学の体系はできていなかった。後にニュートンが古典力学体系を完成させたものだから、彼の業績はかすんでしまっていますが、実は少なからず業績を残しています。その一つに、現在学校で習う数学の座標を彼の業績に因んでデカルト座標と呼んでいます。また物理学においても、運動量という概念を考え出しています。力の伝わり方についても

研究し、ニュートンの遠隔作用に対して近接[注1]作用[参14]の考えをもっていました。当時、近接作用の考え方を数式で表現することは難しく、ニュートンは遠隔作用の考えを導入することにより、万有引力を数式で記述できたのです。後年この近接作用の考えは、ファラデー[注2]やマクスウェルに引き継がれて電磁気学の構築に貢献していきました。

さて「我思う、ゆえに我あり」ですが、彼の時代にはガリレオやケプラーが数々の発見をしていましたが、それらはその現象単独に成り立つだけで、科学的自然体系にはなっていなかった。自然と人間、科学と宗教、真の存在と人間の創造物が混然と存在していた。だからこそ、これらをどのように考えるべきかという『方法序説』が必要であったと思う。このような中で彼は、「真の存在とは何か」を追究していった。ところが彼は、物質と精神のどちらが根源的であるのかという結論を出すことができなかった。しかし、視点を変えてみるとそれを考えている自分がいることだけは確かであると思った。これが、この言葉が出てきた背景であると思う。実在を自己の外部のみに求めるのではなく、外部と内部の関係や内部へ移したところが、プロタゴラスからデカルトを経てカントへ繋がっていった。さらに、第一部で濱田君が展開している「実在の二重構造」に繋がるのかなと思う。物質と精神のどちらが根源的であるのかの結論が出せなかったことから、デカルトは形の異なる二つの「実体」、「物質」と「精神」があるということを主張し始める。そこで、後世の人は彼のことを二元論者と呼んでいます。

（注1）遠隔作用と近接作用については、ニュートンが『プリンキピア』の執筆が遅れた原因の一つとも言われることもある。ニュートンは、なぜ力は遠く離れた物体間に瞬時に伝わるのかの説明ができないでいた。この疑問に対する答を遠隔作用の概念を導入することにより回避し、古典力学大系を完成させた。

（参14）巻末参照

（注2）ファラデーはイギリスの物理学者・化学者で電磁誘導の発見者。

司会者　現在、デカルトのことを二元論者と呼んでいる意味がよく分かりました。ところで、濱田さんは、第一部で唯物論と観念論の統合（物質と精神の統合）に多くのページをさいておられる。何かおっしゃることはありますか。

濱　田　第一部で展開した実在論から導かれる結論の内、現段階において大きな意味のあるものは次の三点です。一点目は唯物論と観念論の統合、二点目は固有世界の存在証明、三点目はＡＩの知能と人間の知性は別物であるということの証明です。その内の一つ、唯物論と観念論については、その矛盾する部分を「物質と精神の巴構造」という言葉で表現し、「実在の二重構造」と「人間の精神は原実在にある」という二つの事実を基に統合しています。

司会者　なるほど、デカルトが主張した二元論（矛盾）が、実在論構築の大きな動機になっていたのですね。ところで『方法序説』が書き出しの部分であるとは知りませんでした。書き出しの部分が残り、本論が読まれなくなったのはなぜですか。

文　成　『方法序説』は物事をどのように考えればよいかを書いているのです。デカルトは数学の探究方法を哲学に持ち込もうとしたのです。考え方は時代を超えて生きるが、科学的事実や表現方法は新しいものに取って代わられる。21世紀においても、『方法序説』や『ソクラテスの弁明』は読まれているが、ニュートンの『プリンキピア』でさえその道の研究者以外は読まない。
濱田君は、物理学の知識や考え方を認識と実在の解明に持ち込もうとしている。真偽はともかく、面白いと私は思う。ちょっと生意気だけどね！

司会者　それでは次に、ニュートンに入っていきます。ニュートンと言えば万有引力の法則の発見が有名です。「ニュートンは、リンゴが木から落ちるのを見て万有引力の存在を思いついた」と言われていますが、これは事実でしょうか。理一郎さんどうですか。

理一郎　半分正しく半分は間違っていると思っています。ニュートンはリンゴが木から落ちるのを見て、リンゴは地球に引かれていると考えた。次にそれならば、なぜ月は地球に落ちてこないのかと考えたと思うのです。そして「月は地球に落ち続けているが、地球との距離は変わらない」ということに気づいた。そして、万有引力の法則が、運動の法則・作用反作用の法則と次々と結びついていき、古典力学体系が出来上がっていったと思います。惑星や衛星の公転運動は高校物理の対象です。万有引力の法則だけでは地球の周りを公転する月の運動は説明できないのです。加速度という概念と運動方程式、作用反作用の法則、そしてそれを記述する微積分の発見があって初めて「月は地球に落ち続けているが、地球との距離は変わらない」ということが説明できるのです。

司会者　物理を履修しなければ分からない部分がありますね。ところで、ニュートンほど重要な多くの法則を発見した人はいないと思いますが、なぜそのようなことができたのでしょうか。濱田さんは第一部でニュートンは神の存在を証明しようとして、いろいろな発見をしていったと書いていますが、理一郎さんどう思われますか。

理一郎　厳密に言うと、私の認識と少し異なる部分があります。ニュートンはクリスチャンで神の存在を信じていた、いや信じようとしていたのは事実だと思う。そして、神の存在を示す証拠が自然現象の中に現れていると考えていた。ニュートンの時代には、地動説は天文学者の間では浸透していた。すでにケプラーは、惑星が楕円軌道を描くことまで発見していた。ガリレオが地動説を唱えて宗教裁判にかけられた時代とは変わっていた。そしてニュートンは、神の存在を信じてはいたが、キリスト教の宇宙観に囚われてはいなかった。囚われていては、万有引力の法則は発見できなかったと思う。つまりニュートンは、万有引力の法則を、神の存在を示す証拠として発見したのではなく、純粋に自然の仕組みを解明し数式で表そうとして発見したと思う。

ところが、彼の発見した万有引力の法則は、地上と天上を支配している法則が同じであることを証明してしまった。キリスト教では地上と天上の法則は異なるとしています。彼の発見はキリスト教の宇宙観を否定してしまったのです。ここに、新たな疑問と不安が出てきたと思うのです。つまり、神の存在を証明する自然現象はどこかにあるのだろうかという疑問です。それと、ガリレオの時代とは変わったとはいえ、自分の発見した理論は受け入れられるのだろうかという不安です。これが、『プリンキピア』の執筆が遅れた原因(注)の一つではないかと思います。そこでニュートンは、神の存在を示す証拠を見つけようとして神学研究・錬金術研究を始めたのではないかと思います。神の存在を示す証拠を見つけようとして万有引力を発見したのではなく、万有引力を発見したがために神学研究が必要になったと思うのです。

いろいろな発見ができた理由は、凡庸な私には真実は解りませんが、ニュートンには他の人には見えない自然現象の奥にある風景（規則性）が見えたのだと思います。それと、これはまったく私の想像ですが、信仰からの確信に導かれていたと思います。キリスト教の宇宙観を否定しながら信仰というと一見矛盾しているようにもみえますが、ニュートンの中では矛盾していない。それは神の存在というか神の意志（もしくは神の意志の表れである自然の秩序）が自然現象の中に現れているはずだ、という信仰に基づく確信です。そうでなければ、運動の三法則と万有引力の法則そして微積分の同時発見はできなかったと思います。逆に、自然は調和がとれているということを証明するには、力学体系を創る必要があるのです。それには同時発見する必要があったのです。

（注）発表が遅れたのは、一般には、ニュートンの完璧を求める性格のためであると言われている。

司会者　ニュートンの疑問と不安はどうなりましたか。

理一郎　不安の方はすぐに解消されました。『プリンキピア』を発表すると、彼の万有引力の法則を世間は受け入れ、最高の名誉と地位を与えました。ガリレオのときとはまったく異なりました。しかし、疑問の方は解決されなかった。ニュートンは、結果的にキリスト教の宇宙観を否定することになってしまったために、それに代わる神の存在を示す証拠を自身の発見した法則や物理現象の中に見つけようとしたと思う。でもできなかった。そこで、聖書の研究が必要になったと思う。錬金術の方は、純粋に科学的探究心によるものであるかもしれないが、そうでないかもしれない。ドルトンが原子説を提唱するのは『プリンキピア』の発表後120年も経ってからであることを考えると、ニュートンには原子の存在という認識はなかったと思う。ニュートンが何を考えて錬金術の研究をしたのか、私には見当がつかない。神の存在の証拠を見つけようとした延長線上にあるのかもしれないし、造幣局長官という立場のせいかもしれない。

司会者　ニュートンが神の存在を示す証拠を自身の発見した法則や物理現象の中に見つけようとした、というのはどういうことでしょうか。

理一郎　このことについては、私の知るところでは、何の記録も残っていません。したがって、私の推測ですが、神の存在を示す証拠と考えられていた自然体系を否定したのだから、それに代わる証拠を自身の創造した力学体系の中に見つけようとするでしょう。

司会者　なるほど。それでは、ニュートンが考えた力学体系の中に現れる神の存在の証拠とは、どのようなものだと考えられますか。

理一郎　ニュートンが考えたことの真実は分からないが、私は、時々刻々と変化する現象の奥にある変化しない物理量を見つけようとしたのではないかと思う。ニュートンの発見（創造）した法則は、変化する現象の規則であって不変量ではないのです。ニュートンは、自身の創造した力学体系の中にそれは見つけられなかった。（注1）エネルギーという概念は当時なかった。エネルギー保存則を定式化したのはヘルムホルツで１８４７年になってからです。後に、ハミルトン（注2）がハミルトニアンと正準方程式を創造し不変量と物理現象を結びつけたが、いくらニュートンでもそこまではできなかった。

ニュートンは不変の物理量や物質にこだわったが、変化する現象の中に成立している不変の関係（つまり物理法則）として「神の意志」は現れるという見方をすれば、彼の発見した「運動の三法則」と「万有引力の法則」が「神の存在」の証拠と考えることもできた。だが、ニュートンはそうは考えなかった。不変量として「神の意志」は現れていると考えていた思う。

（注1）実は、ニュートンの運動の法則と作用反作用の法則から、運動量とエネルギーの保存が導かれる。
つまり、「運動の法則＋作用反作用の法則＝運動量保存の法則＋エネルギー保存の法則」なのだが、いくらニュートンでもここまではできなかった。

（注2）ハミルトンはイギリスの物理学者・数学者で解析力学の創始者の一人。ハミルトニアンは、ハミルトンに因んで付けられた物理量で、力学的エネルギーに対応している。このハミルトニアンから、ハミルトンの発見した正準方程式により、ニュートンの運動方程式が導かれる。

司会者　力学体系の中に神の存在の証拠を見つけるという考えを受け継いだ人はいるのですか。

理一郎　いるかも知れないが私は知らない。この点については、濱田君は意見があるのではないかな。

司会者　濱田さんどうですか。

濱　田　私は学生時代、解析力学が理解できませんでした。当時は、私が凡愚であるから理解できないと思っていたのです。もちろん、そうではあるのですが、古典力学と同じ結果しか導かれないのに、なぜ解析力学を創る必要があるのか分からない、というところが理解にブレーキをかけていたのです。さらに、目的が分からずに、抽象的な概念や数式を理解するには、私はあまりにも力不足であったのです。そして、解析力学すら理解できない無念さが心に残っていました。後年、再チャレンジし分かったことがあるのです。真実かどうかは分かりません。解析力学の構築に中心的な役割を果たしたハミルトンは、ニュートンが求めた神の存在を、数式の中に求めたのではないかと思ったのです。神の存在を示すものは表面的な現象の変化にも不変な物理量として現れる。つまり、それはエネルギーを表すハミルトニアンで、それから正準方程式によりニュートン力学を導出している。このとき、ハミルトニアン・正準方程式の奥にあるハミルトンの自然観が理解でき、長い間心に立ち込めていた霧が一気に晴れたように感じたのです。現象の奥にある不変量によって現象を記述するのですから、量子力学においてもその形式がそのまま受け継がれているのも当然であると思えたのです。

この時の感動を『姫路大学教育学部紀要』の中で詳しく述べています。

物理法則発見における創造的発想(II)

(副題 ― 古典力学から解析力学への進歩に見る物理法則の形式について ―)

著者　濱田利英　(『姫路大学教育学部紀要』第10号　平成29年12月13日発行)

ハミルトンと同時代のもう一人の天才マクスウェルも、ニュートンの神の存在を数式の中に見つけようとした一人ではないかと思ったのです。解析力学と同様、私は電磁気学のべクトルポテンシャル(注)が理解できなかった。マクスウェルは、自身の発見した電磁気学の基礎方程式を不変量から導くという形で表した。この理解できない原因が解析力学と同じだったのです。この時代を代表する物理学者のハミルトンとマクスウェルは、創造した分野こそ違え、同じような考えをもっていたと思った次第です。

（注）ベクトルポテンシャルとは、微分（rot）すれば磁界になる物理量で、ベクトルで表されるところからこの名が付いている。

司会者　理一郎さん、濱田さんの考えは当たっていますか。どうですか。

理一郎　濱田君の推測は外れていると思う。ニュートンの時代とハミルトンやマクスウェルの時代では、神の存在と物理学についての関係は変化していました。というのは、ガリレオの宗教裁判以降、徐々にではあるが、科学と宗教は対象とする分野を分けつつあった。ハミルトンは、ハミルトニアンの中に神の存在を見たのではない。純粋に、時々刻々と変化する物理量よりも、保存される（不変な）物理量を使って物理現象を記述した方が普遍性があると考えた。それだけだと思う。ハミルトニアンと神を結びつけたのは、濱田君の作り事だよ。濱田君も分かって言っているのではないのかな。ただ、ニュートン力学から解析力学への変化は、理系の学生の多くが苦労している。ハミルトニアンの中に神との共通性を見つけようとしたのは面白い。神のところを不変量で置き換えると「不変量により物理現象を記述する」という解析力学誕生の必要性を言い当てている。マクスウェルが電磁界の基礎方程式を保存量で記述したのは、ハミルトンの考えに共鳴したからです。神は関係ない。ただ、この点にマクスウェルの凄さが表れている。これは抽象的で難解であるため、現在では、簡潔な形で表現された式が一般的には使われています。マクスウェルが意図的に表現した深い内容は表面的には後退しています。アインシュタインが相対性理論における四元ベクトルの不変量について明らかにし、マクスウェルの天才ぶりが改めて浮き彫りになったと思います。

司会者　それでは、「ニュートンはその創造した力学体系から合理的な『機械論的自然観』を持っていると思っていた。ところが、神学や錬金術の研究をしたことから、ニュートンは片足を中世にもう一方の足を近世に置いている」と批判的に言う人がいますが、この点についてはどう思われますか。

理一郎　ニュートンは古典力学体系を完成させたが、それで世界のすべてが理解できたとは思っていなかった。彼は自身の発見した力学体系で説明できない現象が多くあることを知っていた。彼の残した「真理の大海は未発見のまま我が眼前に広がっている」という言葉から推測すると、自然・人間・神の究極の真理は存在するのか、また存在するとすれば何を研究すればそれを知ることができるのか、この点がニュートンには疑問であったと思う。それが、聖書の研究や錬金術の研究に向かわせたと思う。現在の化学から見ると錬金術などうまくいくはずがない。錬金術などと言うとニュートンを何か怪しい研究者のようにいう人もいるが、そのような人は科学の進歩についての理解ができていないと思う。錬金術の研究により金を創りだせないことが分かり、原子の存在とその性質が分かった。第一種の永久機関(注)を創ろうとして、それができないことが分かりエネルギー保存の法則に気づいた。ニュートンが、片足を中世にもう一方の足を近世に置いているのは当然である。確かに彼の創造した力学的自然像は機械的ではあるが、この面だけから彼を見るのはあまりにも人間についての見方が浅いと思う。人間は自分の育った環境に片足は必ずつけている。そこで疑問を感じたことを解決し、もう一方の足を新しい世界に踏み出すのだと思う。この時にも、一方の足は育った環境に残している。だから、大きな認識の変更をもたらすような思想の構築は、誰しも一生に一回しか起こせない。ダ・ヴィンチが『モナ・リザ』を生涯手元に置いていたのも、ゲーテが亡くなる一週間前まで『ファウスト』に手を加えていたのも、アインシュタインが生涯統一場理論の構築にこだわったのも育った環境に片足を置いていたのだと思う。青年期に得た発想を亡くなる間際まで磨いていたのだと思う。人間は、38億年の進化の過程と、育った環境から獲得したものから抜け出すことはできない。

（注）第一種の永久機関とは、外部から熱やエネルギーを加えることなく動き続ける熱機関のこと。これが存在しないことが分かり、エネルギー保存の法則の発見に繋がった。

司会者　なるほど。それでは最後になりますが、ニュートンはどのような人だったのでしょう。多くの人と優先権で争っていますが。

理一郎　ニュートンは、科学の進歩に多大な貢献をした知の巨人であることに違いはない。また一方、ニュートンは偏屈で傲慢で意地悪いというようなあまり好ましくない面もとり上げられることもある。私は、ニュートンは自信と傲慢さ、そして孤独と謙虚さが混在した屈折した性格であったと思う。そしてそれは、幼少時に母親に対して持った人間不信が、生涯トラウマとなってニュートンの人格を形成していったと思う。自信や傲慢さや攻撃性はニュートンの才能と業績が原因であり、屈折した対人姿勢は母親の愛情不足からくる人間不信が原因であると思う。優先権争いについては、研究者の性である。当然のことだ。私は研究者ではないし何かを発見したわけでもないが、ニュートンの気持ちがよく分かるように思う。微積分はライプニッツと独立に発見していたが、万有引力についてはフックを発見者とは言い難い。ニュートンの業績の多さや深さは群を抜いている。私は、ニュートンは自分自身や現実を正確に捉えていたと思う。ニュートンが謙虚などと言うと意外に思われるかもしれないが、残した言葉から判断すると、ガリレオやケプラーに対する感謝と神や自然に対する畏敬の念を「もし、私がほかの人よりも遠くを見られたなら、それは先人たちの肩の上に乗ったからだ」また「私は海辺で少しばかり美しい貝殻を見つけて喜んでいる子供にすぎない。真理の大海は未発見のまま我が眼前に広がっている」という言葉で表現した。

司会者　濱田さんどう思われますか。

濱　田　いろいろな法則を発見し、それでもって力学体系を創り、それを記述するのに数学の分野まで創造した人がどのような心境になるのか想像もできません。でも、理一郎さんの言うニュートンの謙虚さとか神や自然に対する畏敬の念というのは分かります。

司会者　ここまで、ニュートンの発見を通して、科学と宗教と実在の関係について触れてきましたが、濱田さんは科学と宗教についてはどのような考えをおもちですか。

濱　田　私は、科学と宗教はどちらも人間にとっては大事なものですが、その対象とする領域が地域や時代によって異なると思います。このことと関連して、私の印象に残っていることを一つ紹介します。私がかつて読んだ立花隆氏の著書『宇宙からの帰還』には、１９６１年ボストーク1号による人類初の有人飛行から帰還したときのガガーリン少佐の第一声が「地球は青かった」ではなく、「神はいなかった」という言葉であったと書かれていました。私の認識とは随分違いがあるなと感じた記憶があります。

司会者　ありがとうございました。それでは次にゲーテに移ります。認識と実在の関係について考えるのですから、哲学者や自然科学者が登場するのは分かりますが、ゲーテが濱田さんの実在論構築に影響を与えているとは思いませんでした。その辺のところの説明をお願いします。

濱　田　本書冒頭の「はじめに」と第一部の「序章」でも触れていますが、ゲーテの『若きウェルテルの悩み』や『詩集』は、学生時代の私の愛読書の一つだったのです。学校でプリズムの分光実験をし、帰ってからゲーテを読むと、ニュートンの光学を批判している。特に、プリズムで自然光を分光しても光の本質は分からない、光は自然の中でその本質を表すと言っている。学校で習ったプリズムでの分光は光の性質の一部であることは間違いない。

しかし、ゲーテの言うことにも一理ある。この二つをどのように捉えればよいのか、このことが半世紀の間、心の片隅に残っていたのです。そして、「認識と実在」の関係について考えていく中で蘇り、第一部の実在論構築の要素となっていったのです。

司会者　なるほど。文成さん、ゲーテのことについて少し説明してもらえませんか。

文　成　了解しました。ゲーテは、一般には文豪として認識されていますが、若い頃から自然科学についても興味をもっていました。文学作品にも自然研究で発見したことを反映させています。進化についてもゲーテが発見したこともあります。その中でも、特に力を入れたのは光学です。『若きウェルテルの悩み』や『ファウスト』が消え去ることがあっても『色彩論』は残るとまで言っています。ゲーテの反発の原因は、ニュートン物理（光学も）は物体の運動については完璧に説明できるが、人間の精神との関わりについては何も説明できない。ニュートン光学はプリズムで光を分けただけで、光が人間の精神に及ぼす影響については、何も説明できないと指摘しているのです。濱田君の言葉で言えば、ニュートン光学（物理）は、人間にとっての実在の一部を説明しているにすぎない、とゲーテは考えたと思います。

ここから、私の想像を膨らませます。ゲーテの興味・関心は自然以上に人間の在り方や生き方、人間とは何かというようなことに向いていました。ニュートンは、人間の五感・感情でなく知性で捉えた物質世界の実在（法則や原理）を発見した。ゲーテはそれだけでは満足できなかったのです。五感・感情で捉えた実在に、知性で捉えた実在と同じ価値、存在意義を与えたかったのだと思います。それはニュートンとゲーテの対人姿勢の違い、特に、恋愛経験の違いからきていると思います。ゲーテは、ロッテに恋をしたとき、ロッテの一挙手一投足に魅了された。このロッテの美しさは、ゲーテが発見したゲーテにとっては確実な実在なのです。「万人に共通ではなく、永遠ではないが、万有引力と同じ確実な実在である。これを説明できない理論はこの世界の一部を説明しているにすぎない」とゲーテは考えたと思います。

ゲーテは、ニュートン光学に反発はしたがニュートン物理は否定していないのです。ゲーテがニュートンの光学に反発したのは、ニュートン物理の対象である実在に対して、実在はそれだけではないと言いたかったと思うのです。古代ギリシャ以来の「真の実在」とは何かを知りたいという人間の性がここでも顔を出しているのです。

彼の『若きウェルテルの悩み』や『ファウスト』はこの実在を追究し表現した作品であると言えます。そして、『若きウェルテルの悩み』が熱狂的に受け入れられたのは、読者が意識していようがいまいが、彼の実在についての考えが支持された、とゲーテは受け取っていたと思う。

付け加えると、ゲーテの『色彩論』は、発表当時は多くの反発があったが、現在では、ニュートン光学とは異なる分野でその価値は評価されている。

司会者　濱田さんどうですか。

濱　田　なぜゲーテの言葉が私の心に残っていたのかを、私以上に完璧に説明してくださいました。私は学生時代、物理の教科書を開いて、その上にゲーテの詩集や小説を開いて読んでいました。それだけに、ゲーテの言葉は心に深く残っていました。第一部で認識と実在の理論体系を構築しましたが、ゲーテの不満の解明に導かれたとも言えます。

第Ⅲ章　認識と実在、そして人間とは何か（カント、ダーウィン、フロイト）

司会者　濱田さんは第一部で、カントの考えや言葉に導かれたと言っていますが、少し説明してもらえませんか。

濱　田　私の生きている現在（21世紀）では、ダーウィンの『種の起源』が発表され、人間は38億年かけて進化してきたことが明らかになっています。私は、現在の人間の姿は進化の途中であり、現在の姿が完璧であるとは思っていません。ところが、ダーウィン以前のほとんどの人は「人間だけが特別な存在である」と考えていたと思うのです。このことは進化を考えに入れるかどうかにより決定的に変わります。もし、人間が人間以外の存在により意志を持って創られたのなら、人間はその創造者の意志やそれを汲み取った理性の働きを行動決定の中心に据えるでしょう。しかし、進化によって人間が誕生したのだとすると、行動決定において個や種の保存が理性よりも優先されると思うのです。そうでなければ、生命の連鎖は繋げない。この点が、人間についての認識で現在とダーウィン以前との一番大きな差であると思うのです。その差が「人間」の捉え方、「理性」の捉え方に顕著に表れる。そのため、ダーウィン以前のほとんどの人は「人間とは何か」「実在とは何か」について考えるとき、理性から出発している。そして、その出発点である理性自身を考えの対象にすることは少ない。ところが、カントは理性自身を考えの対象にし、その特徴から人間が知り得ることを解明しようとした。『純粋理性批判』というタイトルにカントの考えが表れていると思うのです。ダーウィン以前に理性を考えの対象にし、その特徴と限界を明らかにしようとしたのです。なぜカントはこのような考えに至ったのか、文成さんに説明して欲しいですね。

司会者　文成さんお願いします。

文　成　了解しました。カントはデカルトの残した宿題「我々人間はこの世界について何を知ることができるのか」ということを考えていました。そして当時は、デカルトやスピノザの考えを汲む合理主義と、ロックやヒュームの考えを汲む経験主義が対立していました。カントはこのどちらの考えも一部は正しく一部は間違っていると感じていました。カントは人間の認識について次のように述べています。「人間は物事を時間と空間の中で原因と結果という因果関係として理解しようとする。そして、これらはあらかじめ人間には備わっている」と。そして、この時間・空間として捉えるのを人間の「直観の形式」、そして因果関係で理解しようとするのを「認識の形式」と呼んでいます。カントは、合理主義者の言っている理性の本質が「直観の形式」と「認識の形式」であると思ったのです。しかし、この「二つの形式」だけですべてが理解できるのではない。経験から得た情報を、この「二つの形式」で処理して初めて人間にとっての知識となると考えたのです。つまり、「二つの形式」という考え方を導入することにより、合理主義と経験主義を結びつけたのです。そうすると、人間はあらかじめ備わった「二つの形式」により物事を認識するのだから、その影響を受けた自然しか知り得ない。つまり、「人間は自然（物）自体を知ることはできない。人間が知り得るのは、人間にとって自然（物）がどうなっているかということだけだ」という考えに行き着いたのです。このことを『純粋理性批判』の中で述べているのです。これが濱田君の「実在の二重構造」の原型ではないのかな。

司会者　濱田さんどうですか。

濱　田　まったくその通りです。カントが、「直観の形式」や「認識の形式」という概念を考え出したのは、本当に凄いと思います。カントが「人間は自然（物）自体を……かということだけだ」という言葉で「物自体と人間にとっての物」を分けたことは私の心に深く残っていました。
私が、「実在の二重構造」という考えに至ったのは、ナメクジと人間の例を取り上げたように、同じ物を捉えても、その生物の認識能力によってその実在には差があるということと、原子構造探究実験の例や不確定性原理を応用した知覚するという行為の分析からです。したがって、進化と認識行為の分析から「認識と実在」を理解しようとしている私の実在論と、カントの考えていたこととは異なりますが、「原実在」自身を知覚することができないというところの構造はよく似ています。
ダーウィンの進化論やフロイトの精神分析学を踏まえると、理性を過大評価することはないように思うのですが、これらの理論が出る以前に理性批判や、知性の特徴と限界について理論を構築したのは、本当に凄いと思います。

司会者　濱田さんは進化論以前と以後を分けていますが、カントの時代の様子を教えていただけませんか。

文　成　カントの時代には、進化論は出ていなかった。したがって、「人間とは何か」について考えるとき、人間の誕生は「神」に委ねるか、それとも誕生には触れないで現状分析するしかなかった。カントが考えた中で、進化と関係なく理論を構築している部分は、21世紀にも生き続けている。ニュートン力学（古典力学）しか完全な自然体系がない時代に、「物自体と人間にとっての物」を分けることは誰も思いつかない。

一方、進化を考慮に入れる必要がある部分は、後世の発見により書き換えられたものが多い。進化の事実が解らなかったために、人間だけは特別であると思ってしまった。それでも、理性だけで、この世のすべてを理解できないと思ったから、『純粋理性批判』を書いた。宇宙や生命の誕生と進化について知らなければ、人間の存在を解き明かす武器は理性のみであると考えてしまうよ。

司会者　濱田さんは、自分の実在論はカントの思想に現代科学の考え方を付け加えただけだとおっしゃっていますが、文成さんは濱田さんの実在論にどのような感想をお持ちですか。

文成　確かに実在が二重構造をしているという部分は、その通りであると思う。ただ、カントは「認識と実在」についての考察は「物自体と人間にとっての物」を分けたところで終え、それ以上の実在論の展開はしなかった。というより、できなかった。カントの時代、自然科学体系としてはニュートン力学が存在しただけで、カントが実在論を展開する科学的事実に欠けていた。相対性理論、量子力学、進化論、精神分析学が存在する現在とは異なる。もし、現在にカントがいたとしたら、さらに理論を展開したのは間違いないと思う。カントは、その後、「道徳律」というような概念を創造し「いかに生きるべきか」というようなテーマに向かっていった。
一方、濱田君は、「実在の二重構造」から出発して人間の知性の特徴と限界を明らかにし、固有世界の存在、物質と精神の統合にまで結びつけた。この点はカントから一歩も二歩も進歩していると思うが、この点について濱田君の考えを聞きたいね。

司会者　濱田さん、どうですか。

濱　田　カントから少しでも進めることができたとすれば、物理学の進歩と進化論の登場が大きいです。文成さんの分析の通りです。「飛躍」についても、物理学や生命科学が進歩して、初めてその事実を解明できます。また、実在を二重構造の中で捉え、進化の中で人間の感情・知性の誕生を捉えると、感情・知性は原実在の中にあるという事実に行き着きます。そして、「実在の二重構造」を人間の精神に適用すると、「seishin」と「精神」が誕生し分離します。それと、人間の知性の働き方の構造の解明には、アインシュタインの言葉とAIの登場の影響があります。AIの知能と人間の知性の比較により、人間の知性を客観視できたことが多くあります。
現在では相対性理論・量子力学が存在し、五感で捉えた自然像と知性が捉えた自然像はかけ離れています。したがって、実在の二重構造という考えはすぐに浮かびます。それに、原子構造探究実験や不確定性原理の考え方を人間のseishinに適用し、人間の知り得ることの限界を明らかにしましたが、この発想はシュレーディンガーが生命の定義をした試みの延長線上にあります。これらを基に論理を展開し、新しい実在論に行き着いたというわけです。もし、カントが現在の状況にいたなら、文成さんのおっしゃるように「物自体と人間にとっての物」を分けたところで終えていないと思います。

司会者　文成さん、どうですか。

文　成　なるほどね、進化論の登場、物理学の進歩、生命科学の進歩、ＡＩの登場等が濱田君の考え方に及ぼした影響が分かったよ。確かに、これらの進歩を取り込み「人生の意義」や「人間の尊厳」を明らかにする思想の構築は急務であると思う。濱田君が第一部で述べていることはそれに応える一つであるかもしれない。そうでないかもしれない。私には判断できない。

司会者　文成さんでも判断できませんか。ところで、濱田さんは、「人間とは何か」を考えるとき、生命の進化はその基礎になると言っています。そこで理一郎さんに生命の進化について説明をお願いできますか。

理一郎　了解しました。まず、始めにはっきりさせておくと、生命の進化についてはダーウィンが初めて考えたのではないよ。古くは古代ギリシャや中国でもそういう考えはあった。ゲーテもそういうことを言っている。ダーウィンがしたことは、ガラパゴス島で進化の証拠を見つけ、仮説から科学の対象にしたことです。デモクリトスの原子論をドルトンが化学にしたようなものです。

司会者　誰もが見ていた生物の形態の差が進化の痕跡であることを見抜き、仮説から科学の対象にしたのは大きな進歩だと思います。ところで、ダーウィンは『種の起源』の発想を得てから、発表まで20年かかっていますが、それはなぜですか。

理一郎　『種の起源』でダーウィンが明らかにしたのは、生物の進化です。人間も進化してきて現在のような姿になったと主張しているのです。ダーウィン以前にも進化について主張している人はいたがそれはすべて仮説にすぎなかった。ところがダーウィンは科学の対象にしてしまった。そしてこれは、キリスト教の人間誕生の否定に繋がります。ガリレオ・ケプラー・ニュートンによってキリスト教の宇宙観が否定されたのに続き、ダーウィンの『種の起源』はキリスト教の人間誕生についても否定してしまったのです。その反響が怖かったのだと思います。また、彼の完璧を求める性格も関係しているかもしれない。案の定、発表直後には、人間は猿から進化したのではないという激しい反論があった。

司会者　なるほど、21世紀を生きる私達が事実であると受け止めていることでも、それを発見し世間がそれを認めるまでにはいろいろな困難があるのですね。
ところで、現在（２０２１年）ではダーウィンの進化論についていろいろ批判も起こっていますが、その点についてはどう思われますか。

理一郎　ダーウィンは自身の進化論について「ある種から次の種への中間種が見つかっていないということが気にかかっている。いずれは発見されるだろうと思う」と述べています。ところが、２０２１年でも発見されていない。この点で進化論は誤りであるという人がいる。真実は分からないが、私は進化については間違いないと思う。まだ発見されていない事実があるのだろう。分からないよ。

司会者　濱田さん、どうですか。進化論が崩れれば、濱田さんが主張されている認識と実在の理論も大きな影響を受けると思いますが。

濱田　その通りです。影響は受けます。ただ、私が展開している理論は、ダーウィンの進化論には限らないのです。進化さえしていれば成立するのです。仮に、宇宙人が地球に生命の種を蒔いたとしても成立するのです。地球で考えていた範囲が宇宙まで含め広くなるだけのことです。特に、私の実在論の「認識と実在」の理論体系は人間の認識行為の分析から考え出したもので崩れることはありません。年代にも関係しません。生命の誕生は地球では38億年前と言われていますが、これが、10億年であっても、40億年であっても、私の理論は成立します。進化さえしていればいいのです。
ただ、第一部の第Ⅳ章第４節の「人生の意義」や「生きがいの創造」の部分は、人間が進化によって誕生したのでなければ依って立つ基礎が崩れます。

司会者　濱田さんの理論によれば、人間の精神もこの進化によって説明しようとしていますよね。例えば、人間の感情・知性は、個や種の保存本能の欲求を実現するために働いている。そして、無意識やリビドーの存在をこれらの関係から説明しようとしている。フロイトの理論を別の視点から意味を付加しておられます。

濱田　ダーウィン以前は「人間とは何か」を理性により説明しようとしていた。私は、あまりにも理性に重きを置きすぎ、人間の本質を見誤っていたところがあると思うのです。どういうことかと言いますと、生命の進化から考えれば、まず生命の誕生はエネルギーを取り入れる仕組みと自分自身をコピーする能力を獲得したときに始まります。このどちらかが途絶えたときに生命の連鎖は終わります。生命の誕生から現在まで、すべての生物の遺伝子の中にこの能力が組み込まれています。両性動物では、食欲・性欲として表れる。感情や知性はその後に誕生した。人間の感情や知性は、すべての生物が生き延びるためにいろいろな能力を獲得していったそのうちの一つだと思うのです。タコが身を守るために変形変色する、トラやライオンが強い牙を持っているのと同じです。このように考えれば、人間の感情や知性についても等身大の評価と分析ができる。これは進化論から出発して初めてできる考え方ではないかと思うのです。そう考えると、ダーウィンの『種の起源』発表後に発表されたフロイトのリビドー説などは至極当然のこととして受け入れられるのです。第一部で述べていますが、人間の感情や知性は本能の道具として誕生し進化してきた、と私は考えています。人間は理性によって行動をするかどうかの判断をしているように思っていますが、それだけではない。本能により生じた目的（欲望や要望）について、それを実現するためにどうすればよいかの判断を知性が行い、達成するためのモチベーションを感情が維持させている。ここのところを理解していないと、理性が行動の目的を生み出しているように錯覚する。理性を過大評価する。ただ、ダーウィン以前に理性を過大評価したいのはよく解ります。タコの変形変色能力やトラやライオンの牙に比べ人間の理性知性はその能力が比べものにならない。変形変色能力や牙では文明は創れない。また、人間は動物と異なるということにより、自尊感情が保たれてきたという側面もあると思います。自尊感情は進化の頂点にいる人間に固有（特別に発達している）で、自己保存本能が進化したものだと思います。地球が宇宙の中心だと思いたいのも同じです。本実在論では、この人間の五感・感情・知性を進化の中で位置づけをし、一つの理論体系を構成しています。そして、人間の五感・感情・知性が認識する実在については第一部で述べた通りです。

司会者　文成さんは濱田さんの実在論をどう思われますか。

文　成　フロイトはもちろん、ダーウィンの進化論のことも、メンデルの遺伝の法則のことも知っていた。しかし、それとは関係なく精神科の医者として患者の治療をしていた。そうすると、どうしても性の欲望に関わるトラウマに行き着くことが多かったのです。そこで、リビドーの存在を仮定するとうまく説明できることが分かった。また、夢は自分が抑え込んでいる欲望が出ていると考えるとうまく説明できることが分かったのです。濱田君がここで述べている内容は、フロイトが発見した理論です！　フロイトが治療の中で発見した内容を生物の進化と関係づけているのですよ。

司会者　濱田さん、文成さんは濱田さんの本能と感情・知性の関係の捉え方は、フロイトの理論と同じだとおっしゃっていますが、どうですか。

濱　田　その通りです。

司会者　文成さん、フロイトがリビドー説を世に出したとき、世間の反応はどうでしたか。

文　成　それはすごい反発があった。ダーウィンの進化論が出た後であったが、人間の行動を決めているのは理性である、と人間は自分のことを思いたがっていた。フロイトが『精神分析入門』を世に出したとき、まだ性に関わることはタブーであった。人間には、自分を理性的で神聖な存在でありたいと思う強い渇望があるのです。自分自身の行動を振り返ってみればすぐ分かることなんだがね。食欲が弱ければ餓死してしまうし、性欲が弱ければ生命の連鎖は維持できないよ。
歌や小説の題材の多くが恋愛（性）に関することをみれば分かると思う。また、犯罪に手を染めるきっかけの多くは男女関係であることをみても分かりそうなものだがね。

司会者　食欲は開けっぴろげであるのに、性欲はなぜ隠すようになったのですか。

文　成　食物は代わりがあるが、人間には代わりがない。気に入った人を独り占めするためだと思うよ。そして、それによる争いをさけるため、タブーになっていったのではないかな。一人の異性に多くの人が惹かれると争いが起こるから、性的なことは人知れず行われるようになっていったのだと思うよ。

司会者　濱田さん、言い残したことはありませんか。

濱　田　ダーウィンの発見した進化という事実は、「人間とは何か」を考えるときの基礎中の基礎であると思います。人間の本質を進化の中で捉えると、例えば「性善説」や「性悪説」というような善悪というような概念では説明しきれないと思います。でも、これらはすべて、科学的事実が明らかになった後に思うことです。

司会者　ガリレオやニュートンの発見により自然が科学の対象になり、ダーウィンやフロイトの発見により人間が科学の対象になっていったいきさつがよく分かりました。

第Ⅳ章　物理学的自然像と実在（アインシュタイン、シュレーディンガー、ハイゼンベルク）

司会者　ところで、濱田さんはアインシュタインの言葉や考え方を多く引用しています。そのあたりの事情について説明してくれませんか。

濱　田　高校生の時、『高1コース』という雑誌でアインシュタインの相対性理論を紹介していたのを目にしたのです。運動物体中では時間の進み方が遅くなり、空間が縮むとありました。この時の衝撃が私の心に深く刻みこまれました。

司会者　アインシュタインが20世紀以降の人々に与えた影響の大きさは計り知れません。最初に、どのようにして、又はどのような発想から相対性理論は誕生したのでしょうか。理一郎さん説明してもらえないでしょうか。

理一郎　了解しました。相対性理論に至る発想はアインシュタインの生い立ちや性格に大きく関係しているのだと思います。彼はユダヤ系ドイツ人として生まれました。皆さんもご存じのように第二次世界大戦の時、ナチスドイツから逃れアメリカに渡っています。彼は、ユダヤ人であるということを常に自覚しながら生きていたと思います。大学を出ても、ユダヤ人でない彼の友人はすぐに就職できたのに、彼には、なかなか就職口はなかったのです。彼はやっとのことで、友人の紹介で特許局に就職できたのです。このようなことから彼は、人種・民族・国籍の壁を越えた実在についての意識が常にあったのではないかと思います。このような環境と、彼の好奇心や美意識が相対性理論に繋がっていったと思います。物理的背景について具体的に述べますと、当時、時間と空間が運動物体の中で変化するということに一部の人は気づいていました。彼の発見した時空の変換式もローレンツ変換と言うでしょう。彼の発見以前にローレンツが発見していたのです。数学者のポアンカレも気づいていたと言っています。でも、ローレンツやポアンカレは、時空そのものが変化するのではなく、電磁気の作用で時間が遅れ空間が縮むように見えると考えたようです。変換式は同じでも時空そのものが相対速度の関数として変換されると考えたアインシュタインとは、考え方や内容はまったく異なるのです。

伝記などでは、アインシュタインは16歳の時「光速で運動すると世界はどのように見えるか」という疑問が芽生え、それを追究していったと言われています。それは本当であると思います。でも彼が、特殊相対性理論を創りだせた直接の原因は、いわゆる特殊相対性原理と言われている「一般の物理法則はすべての慣性系に対して同じである」という考えを思いついたからだと思います。どこで物理法則を創ろうとも真理に到達できるはずだ。そうでなければ、地球という環境に束縛された人類は真理に到達できないことになる。そんなことはない、と考えたと思うのです。これは、彼以前には誰も考えたことのない発想だと思います。ユダヤ人に生まれようがドイツ人に生まれようが日本人に生まれようが真理に共鳴する知性や美を感じる感性が同じなら、共通の科学や芸術が誕生するだろうと考えるのに通じます。彼はバイオリンをよく弾きましたが、音楽の美しさに共鳴する感性は万国共通です。知性にも同じことが言えると考えたのです。つまり、人種・民族・国籍に囚われないのは、芸術にも相対性原理にも共通なのです。これが、相対性原理への発想が彼の生い立ちに関係していると推測する根拠です。

余談ですが、私はこの対話の前に、学生時代に購入した『アインシュタイン選集(注)』を開いてみました。彼は、科学と科学者・自由・宗教・政治・平和・ユダヤ人・ドイツ人等の様々な分野について多くの意見や論文を発表しています。そういうことから推測すると、知性で捉えたもののみが実在であるとは思っていなかったと思います。物理法則の美しさ、バイオリンの音色の美しさ、女性の美しさ、人間の魂の醜さや美しさは実在である、と考えていたと思います。

（注）巻末の参考文献・引用参照

司会者　なるほど。濱田さんが共鳴されたのは何となく分かります。ところで、アインシュタインが量子力学の確立解釈に納得しなかったのは有名ですが、このあたりの事情や一般相対性理論から統一場の理論の構築に向かった経緯について教えていただけませんか。

理一郎　アインシュタインと量子力学との関わりについて言いますと、量子力学の創成期の頃には光量子説を提唱するなどして貢献しています。ところが、彼の主な関心は特殊相対性理論を一般相対性理論に拡張することに向かっていました。そして、シュレーディンガーが、自身の名のついた方程式を発表し、それから導かれる結果にボルン（注）の確率解釈が一般に受け入れられるようになってから、量子力学から離れていきました。彼の考えていた因果律と量子力学の因果律にずれが生じてきたのです。そこで彼は、独自の考えで一つの方程式から全ての物理現象を説明できる統一場理論の構築に向かったのです。結局、この試みは成功しませんでしたが、現在も別の道からではありますが究極の方程式を探究する意志は引き継がれています。アインシュタインの夢というより、全物理学者の夢となっています。

（注）ボルンはドイツの物理学者で、量子力学に確率解釈を持ち込んだ。

司会者　第一部で濱田さんはアインシュタインの言葉の意味を解明しようとして科学的実在論を構築していったと言っています、そのあたりについて理一郎さんはどう思われますか。

理一郎　アインシュタインは26歳のとき、光量子仮説やブラウン運動の証明、さらに特殊相対性理論を含む五つの論文を発表しました。これらのことから、彼は現実の物理現象を解明する能力と、誰も考えたことのないような発想を体系化する構築力をもっていたと思います。他の人には見えない風景が見えたのだと思います。

濱田君が、アインシュタインの「私には、人間が物事を理解できるということがよく分からない」という言葉から、人間の知性の「特徴と限界」を導き出したのは面白いと思う。ただ、私のこの言葉の捉え方は少し異なる。私は、次のように捉えています。

アインシュタインは物理現象について、表面的な物理現象やそれを司っている物理法則についても考えていたが、同時にその奥にある自然の摂理のようなものが常に意識の中にあったと思う。そうでなければ、相対性原理など出てくるはずがない。また、彼の残した論文や手紙の中で、デカルト・カント・スピノザ・ヒューム等の哲学者の自然認識をよくとりあげている。

ここからは私の推測です。彼のこの言葉の背景には、カントの「直観の形式」と「認識の形式」があると思う。なぜかと言うと、カントには、合理主義と経験主義を統合するために「二つの形式」はあらかじめ人間に備わっている、と設定する必要があった。しかし、アインシュタインはこの点に疑問をもったと思う。カントの言う通りであれば、相対性原理はあらかじめ備わった「二つの形式」から出てきたということになる。ところがそうでないなら相対性原理はアインシュタインの経験の影響を受けていることになる。つまりね、「人間は、経験には無関係に真理に繋がる概念を創ることができるのか。それとも、やはり経験があってこそ創ることができるのか」という疑問です。これを、アインシュタインは「私には、人間が物事を理解できるということがよく分からない」という言葉で表現したと思うのです。

彼は、特殊相対性理論から一般相対性理論を経て統一場理論を構築しようとする中で、特殊相対性原理・一般相対性原理を超えた原理を発見（創造）する必要があったのです。その中で彼が考えた、知性の特徴についての「究極の疑問」の言葉だと思います。濱田君の言っていることと、私の言っていることは異なります。どちらも推測の域を出ません。本当の意味は、本人にしか分かりません。

司会者　今おっしゃったことと、相対性理論構築はどのように関係しているのですか。何か分かったような分からないような、もやもやした感じです。もう少し詳しく、説明してもらえませんか。

理一郎　相対性理論は他の物理理論とはその誕生の仕方が異なるのです。他の物理理論は、まず現象があってそれを説明しようとして法則を創造し理論を構築していく。ところが、相対性理論はまず原理があるのです。特殊相対性理論の場合の原理とは「全ての座標系で物理法則は同じ形になる」という単純極まりないものです。こんな単純な原理と、光速が観測者によらず一定であるという事実から、壮大な理論体系を構築している。アインシュタイン以前にこのような、つまり「自然はこうなっているはずだ」というような哲学的（形而上学的）啓示（言葉を換えると、現象より理念から）による原理から理論構築されたのは見たことがありません。相対性原理が、物理法則よりもさらに深いところにある自然の摂理に対する洞察から出てきたと思わせるところです。私もアインシュタインが哲学に興味を持っていたことを知る以前は、相対性原理がどのようにして出てきたのか、不思議だったのです。創造者にしか分からない世界であると思っていました。ただ、アインシュタイン以降は、多くの人がこの手法を使っているようには思います。

司会者　濱田さん、どうですか。

濱　田　理一郎さんの解釈には説得力がありますね。私の取り方が間違っているかもしれませんが、この言葉が一つのキッカケになって「人間の知性の特徴と限界」という考えに至りました。

アインシュタインに感謝します。この言葉がアインシュタインの言葉でなかったら、心に強く残っていなかったかもしれません。

司会者　濱田さんは第一部で、アインシュタインの固有時空にならって、固有世界という概念を創造されていますが、これについて何か付け加えることはないですか。

濱　田　私は、本実在論を構築するのに二つの大きな仮定を導入しています。もちろんどちらも正しいと確信していますが。一つは、構造が同じという理由で物理現象に成立している関係が人間の考えるという行為にも成立するとした点です(参5)。もう一つは、固有時空は固有世界の構成要素の一つであることから、固有世界が観測行為の影響を受けているとした点です(参9)。考えるという行為を分析すれば、固有世界という概念にすぐに行き着きます。しかし、本実在論で初めて固有世界の存在に言及したのであって、固有世界の存在については、今は私が言っているだけです。もし、固有世界の存在についての認識が多くの人に共通の認識になったとしても、各固有世界間の差は固有時空の場合と同じように極めて小さい。当面は「ある人と他の人の固有世界の違い」が問題になることは少ないと思います。しかし、将来ＡＩが進歩してきて「人間とは何か、人間の尊厳はどこにあるのか」というようなことが問題になったとき、ＡＩには固有世界がないということが人間との決定的な違いとして認識されるようになると思う。そして、人間には固有世界が存在するということが、人間のアイデンティティや尊厳を確かなものとし、生きがいであるとか人生の意義を考えるときの基礎になると思います。

司会者　なるほど、濱田さんの実在論の中での固有世界の存在の意義が理解できたように思います。天動説から地動説、絶対時空から固有時空への認識の変化に相当するというわけですね。ところで、理一郎さん、アインシュタインの影響は物理学だけに留まらないと思うのですが、それは、どのあたりに原因があるのでしょうか。また、濱田さんの仮定についてはどのように思われますか。

理一郎　誰も疑問さえ持たなかった固定観念を打ち破り、新しい理論体系を構築した知性の力に人々は感動を覚えたのだと思います。第二のルネサンスではないですか。特に、アインシュタインの名声を不動のものにしたのは、１９１９年に一般相対性理論が日食の観測により実証されてからです。第一次世界大戦が終了し、当時の人々は戦争に嫌気がさしていた。「人間は素晴らしい」と思いたがっていた。これも、感動を与えた要因の一つだと思います。
人間の認識を根本的に変えた理論としては相対性理論の他に、量子力学、ダーウィンに始まる進化論、フロイトに始まる心理学があると思います。これからの実在論は、これらの明らかになった科学的事実を基に構築されるべきだと思います。濱田君の仮定が正しいかどうかは私には分かりませんが、これらを取り入れて実在論を構築しようとする姿勢には共感を覚えます。

司会者　アインシュタインが科学や哲学に与えた影響がよく分かりました。それでは次に、量子力学の基礎を創造したシュレーディンガーに入っていきます。どのようにしてあの有名なシュレーディンガー方程式が出てきたのですか。理一郎さん解説してもらえませんか。

理一郎　了解しました。19世紀には、光は波動であると認識されていました。ところが、20世紀に入ってから、アインシュタインが光量子仮説を提唱し、光に粒子の性質があることが明らかになりました。さらにド・ブロイ(注1)が電子にも波動性があることを提唱し、すべての素粒子に波動性と粒子性があることが明らかになってきていました。波動性と粒子性はまったく両立しない概念で、これを一つの方程式で表せるのか疑問でした。波動方程式と粒子の方程式はまったくの別物です。ここからは私の推測です。少し専門的になります。ところがシュレーディンガーは、一般の波動方程式（電磁波の方程式も同様）も、粒子の方程式であるハミルトン・ヤコビの偏微分方程式も、どちらも2階の偏微分方程式であることに着目したと思うのです。感覚的には両立しない性質（波動性と粒子性）が、方程式上では同じ形をしている。つまり、波動性と粒子性を結びつけるのに先立ち、二つの方程式の共通性に着目したと思うのです。(注2) これは、ハミルトンらの考え出した解析力学の手法が、いかに適用範囲の広いものであるかを示しています。ニュートンの「神」から、ハミルトンの「ハミルトニアン」への進歩がシュレーディンガー方程式の発見に繋がっているのです。そして彼の発見したシュレーディンガー方程式は素粒子の持つ波動性と粒子性を見事に記述したのです。ところが彼は、シュレーディンガー方程式を創造しましたが、その解釈には釈然としないものが残ったのです。ボルンの提唱した確率解釈です。これは非常によくできていますが、彼は納得しませんでした。そこで、「シュレーディンガーの猫(注3)」を始めいろいろな装置を考え、確率解釈の矛盾点を明らかにしようとしましたが、受け入れられませんでした。彼と同様、アインシュタインも確率解釈に反対し「神様はサイコロを振らない」と言って、統一場理論の方に向かっていました。シュレーディンガーやアインシュタインには「自然はこうあるはずだ」という強い信念・哲学と、それを表現する能力、創造者としての自負があると思うのです。凡庸な私には分かりませんが、彼らでも、創造後はその強い信念と自負ゆえに他の考えは受け入れにくいのかもしれません。ニュートンのところでも言いましたが、人間は誰しも育った環境に片足を置いているということです。

（注1）ド・ブロイはフランスの物理学者。物質波の概念を提唱。
（注2）このことについては、『近大姫路大学教育学部紀要』の中で詳しく説明している。
物理法則発見における創造的発想
（副題―ターレスからシュレーディンガーまでの自然認識の変化について―）
著者　濱田利英　（『近大姫路大学教育学部紀要』第6号　平成26年3月31日発行）
（注3）「シュレーディンガーの猫」とは、量子力学の確率解釈の矛盾を突こうとしてシュレーディンガーが考え出した装置であるが、受け入れられなかった。

司会者　濱田さんは、本書冒頭の「はじめに」のところでシュレーディンガーが「生物は負のエントロピーを食べて生きている」という言葉で生命を定義しているのに感動したと述べられています。理一郎さん、この言葉が出てきた背景について説明してもらえませんか。

理一郎　シュレーディンガーは自分の創造したシュレーディンガー方程式には満足していました。しかし、この方程式から出てくる結論の解釈はボルンやハイゼンベルクとは異なりました。シュレーディンガーやアインシュタインは確率解釈には納得しなかったものの、それに代わる解釈を提示することはできなかったのです。そうこうしているうちに、ディラック（注1）が相対論的量子力学の方程式を発表し、湯川が中間子理論を発表して、物理学の中心的テーマは解釈より量子力学の表す内容や応用の方に移っていきました。そして、ディラックの予言通りに反粒子が発見された時、多くの物理学者はこれで人類は究極の方程式に辿り着いたと思ったのではないかと思います。今、振り返れば、ディラックの方程式と湯川の中間子理論が新しい素粒子論時代の幕開けだったのですが、当時は分からなかったと思います。(注2) そこで、シュレーディンガーはこのような事情と、もともと興味があったということも重なり、生命現象について考えるようになっていったと思います。彼は意識していなかったかもしれませんが、シュレーディンガーの猫などは、物理法則と生命現象を関係づけたいという彼の原点かもしれません。

当時すでに、物理学や化学は医学や生命現象の研究に応用されていましたが、物理法則を用いて生命とは何かを定義し解明しようという試みはなかったと思います。生命現象はいろいろな要素が含まれていて複雑すぎるのです。理想的な状況の中で定義している物理法則で、体系的かつ厳密に生命現象を記述することは無理です。ところが、彼の発見したシュレーディンガー方程式は電子の運動さえ記述できるのです。つまり原理的にはすべての現象を記述できるはずなのです。そこで彼は、物理法則を生命の理解に役立てるのではなく、物理法則により生命を理解しようとしたと思うのです。彼の生命の定義の言葉には、この考えが滲み出ているように私には感じられます。しかしそれは、濱田君が第一部で「飛躍」という言葉で述べているようにできなかった。いろいろなアプローチを模索したと思います。しかし、当時の物理学で可能であるのは、ミクロではなくマクロな面からのアプローチのみだったのです。そして、このような探究の結果行き着いたのが、「生物は負のエントロピーを食べて生きている」という定義の言葉だったのです。シュレーディンガー方程式と、この定義の言葉は、彼の思想の集大成であると思います。

（注1）イギリスの物理学者。相対論的量子力学の創造者で反粒子の存在を予言。

（注2）相対性理論は自明の事実であると考えられていた時空の概念さえ変えてしまった。そして、シュレーディンガー方程式により電子の運動さえ記述できるようになった。そうすると、相対性理論の時空でシュレーディンガー方程式を展開すれば、それこそが人類が到達できる究極の方程式であると誰もが考える。そして、多くの物理学者が挑戦し、退けられた。シュレーディンガーもその一人です。たぶんハイゼンベルクも。そんな時に、ディラックが登場して相対論的量子力学の方程式を発表し、反粒子の存在を予言した。そして、予言通り発見されたものだから多くの物理学者は究極の方程式に辿り着いた、と感じたと思う。もちろん例外もあって、アインシュタインは独自の立場から統一場理論の構築に向かっていった。

司会者　なるほど、濱田さんが生命の定義の言葉に反応された意味がよく分かりました。シュレーディンガーの壮大な試みの結晶の言葉であったのですね。それでは、シュレーディンガーとともに量子力学の創始者でもあり不確定性原理の提唱者でもあるハイゼンベルクは、どのように考えて量子力学や不確定性原理を生み出したのでしょうか。理一郎さんお願いします。

理一郎　ハイゼンベルクはシュレーディンガーとはまったく異なる発想から量子力学（行列力学）を導きました。彼が行列力学の発想を思いつく10年程前、ボーアが原子模型を発表し原子から出てくる光のスペクトルを上手く説明していました。（ここからは私の推測です）ところが、ハイゼンベルクはこの模型は真の原子像に到達する過渡期のものであると思っていたと思います。と言いますのは、この模型は古典力学が成立する場面と成立しない場面を上手く区別することにより、現象を説明しているにすぎない。光子や電子を記述する新しい力学は、成立する場合としない場合を区別するのではなく、いついかなる場合にも成立するものでなくてはならない。そして、完璧な原子像は、素粒子のもつ波動性と粒子性の矛盾を解くことにより得られると考えられる。そして、その鍵は素粒子の軌道を考えるところにある。軌道を考えるから波動性と粒子性の矛盾が顕在化する。軌道を使わず電子の運動を記述する方法はないのか。ハイゼンベルクはこう考えたと思う。そして思いついたのが、観測できる物理量のみを用いて運動を記述するということであった。そして、この考えを表現できるのが行列力学だったということではなかったかと思うのです。

司会者　私たちが目にする物体は、すべて軌道を描いて運動しています。また、運動ということは軌道を考えるということであるようにも思うのですが、軌道を考えないで素粒子の運動を記述するという、常識では考えられない発想はどこからきているのでしょうか。またそれは、軌道は実在ではないとハイゼンベルクは考えたということでしょうか。理一郎さんお願いします。

理一郎　ハイゼンベルクは、師匠のゾンマーフェルトに自分は個々の現象の説明をするより、相対性理論を創造したアインシュタインのように理論体系を構築するような研究がしたいと言っています。19歳の時です（凄い自信と志でしょう、こんなことを口にできる人はどんな景色を見て一生を過ごすのだろうか？　理一郎の心の声）。

ここからは、例によって私の推測です。アインシュタインが相対性理論を発表する前、ローレンツがローレンツ変換の式を発見していました。ところがローレンツは、絶対時空を捨てきれなかったのです。実証されたわけではないが、絶対時空の存在は疑う余地のない自明の事実であると誰もが思っていたのです。ハイゼンベルクは、相対性理論を学んだとき、アインシュタインが絶対時空を架空の存在であると見抜いた洞察力やそれを捨て去る大胆さと勇気、そして、たった一つの原理から理論体系を創り上げる構想力に感動を覚えたと思う。彼だけではない、相対性理論を学んだ人のほとんどがそうなのです。この時の感動がハイゼンベルクに軌道を捨て去る勇気と、発想を理論体系に創り上げるという志を与えたと思います。

これまでの物理法則の発見は、まず物理法則の表す内容のイメージを創り、それを数式で表現するという形で進歩してきました。ところが、彼はこのイメージを創るという過程を飛ばし観測できる物理量のみから自然現象を記述するというまったく新しい形式の理論体系を構築したのです。

教子さんからの質問にあった「軌道は実在ではない」とハイゼンベルクが考えたというのは、極微の世界を対象にしたときはまったくその通りです。物理理論が否定しているものはその理論においては実在ではないのです。アリストテレスの創造した「あるべき位置という」概念はニュートン力学においては実在ではありません。ニュートン力学において実在である絶対時空という概念は、相対性理論においては実在でありません。軌道という概念もその一つです。

司会者　その新しい発想で構築された行列力学についての世間の評価はどうでしたか。

理一郎　発表と同時に大きな反響がありました。ただ、彼の発表とほぼ同時にシュレーディンガーが波動方程式を発表したのです。そして2年後に、シュレーディンガーとディラックが、彼の行列力学とシュレーディンガーの波動力学は、数学の形式こそ違え、表している内容は同じであると証明しました。そうすると、世間は使い慣れた微分方程式で記述されたシュレーディンガー方程式を使うようになっていきました。そして、彼の発想は不確定性原理へ繋がっていき、シュレーディンガーは生命の方へ興味を広げていきました。彼らの性格や興味・関心のありかをよく表しています。

司会者　高校で物理を履修しなかった私からすると、アインシュタイン、シュレーディンガー、ハイゼンベルクの凄まじい知性の輝きに頭がクラクラしそうです。濱田さん何か質問はありますか。

濱　田　私は、ハイゼンベルクの不確定性原理を一つの理論的根拠として「実在の二重構造」という実在論を展開しましたが、ハイゼンベルクの残した言葉で一つ気になるものがあるのです。ハイゼンベルクは晩年、「自然を扱う科学にとって研究の主体はもはや自然それ自体ではなく、人間の尋問に委ねられた自然である。このやり方では、人間は自分自身に出会うにすぎない」というような言葉を残しています。この「尋問」とか最後の「……出会うにすぎない」という否定的な言葉をそのままとれば、ハイゼンベルクの自然探究の方法や構築された自然観の否定ではないかと思うのですが、理一郎さんはどのように捉えられていますか。

司会者　理一郎さんいかがですか。

理一郎　彼が晩年に残したこの言葉の解釈は濱田君とは異なる。表面的には濱田君の取り方もできるが、ストレートに表現していないところに、彼の時代の複雑なところが出ていると思う(注)。この言葉は濱田君の主張している「認識と実在」の構造にも当てはまる。まず、この点から説明する。

ハイゼンベルクは若い頃から個々の物理現象よりも、自然の究極の姿に興味をもっていた。ディラックとシュレーディンガーが行列力学と波動力学が同じものであると数学的に証明した。彼は行列力学により軌道という概念を捨てたが、それに代わる概念とか原理を模索していた。そして、辿り着いたのが不確定性原理だったと思う。少し専門的になるが、ハイゼンベルクやシュレーディンガー、更に遡れば、ハミルトンやヤコビにまで行き着くが、彼らの考えた物理量は実は演算子なのです。ある実体（波動関数やベクトルや母関数）があって、それに対して演算子や行列を作用させて方程式を立てる。その方程式を解いてある実体を求め、それから現実の物理的世界を明らかにする。ハイゼンベルクはこの演算子を作用させるという発想とその限界を不確定性原理として提唱したのです。この演算子を作用させるというのを尋問と表現していると無理矢理捉えると、濱田君が考えた実在の二重構造と同じ構造[参15]をしている。これは実に驚くべきことだ。というより濱田君が、彼らが自然に対して行った手法を、人間の認識行為に適用したのではないかと思う。その辺のところを逆に聞きたい。ハイゼンベルクが晩年に述べた濱田君の指摘の言葉は、この演算子と波動関数、行列とベクトルの関係を指しているようにもとれるが私は違うと思う。

私は、濱田君が指摘している彼の言葉は、物理学の人類に対する責任のことを言っていると思うのです。具体的に言えば、原爆・水爆のことです。彼ら物理学者は好奇心から自然の仕組みを解明してきた。ところが、その行き着いたところの一つが広島・長崎の原爆投下だったのです。第二次世界大戦中から、国を代表する物理学者は原爆製造に協力するか反対するかの選択を迫られていた。協力するにしろ反対するにしろ、命がけだったのです。このことに直面したのはアインシュタインやオッペンハイマーだけではないのです。そして大戦終了後、物理学を進歩させるのと同じくらい、人によってはそれ以上に人類存続に対する責任を痛感するようになったのだと思います。「尋問」というような否定的な表現をしているのは、科学兵器に役立てようという視点からのみ物理現象に向き合う姿勢を批判したものです。また、そのような姿勢から明らかにされた自然は、自然の全体像ではなく武器になるかどうかという視点で貫かれた自然であり、それは人間の欲望自身の表れである、という意味を「……自分自身に出会うにすぎない」と言っているのだと思います。世界平和を願う気持ちからこの言葉は出てきたのだと思います。

１９５５年にラッセル・アインシュタイン宣言が出ています。湯川は共同宣言者になっていますが、シュレーディンガー・ハイゼンベルク・ディラックはなっていません。個々の事情については分かりませんが、彼らが平和を望んでいないはずはなく、私は残念な思いがしたのを覚えています。

（注）彼は第二次世界大戦中、ナチスの原爆製造に協力しなかった。そのため、ナチスからも連合国からも命を狙われていた。

（参15）巻末参照

司会者　ありがとうございました。アインシュタイン・シュレーディンガー・ハイゼンベルクの相対性理論と量子力学の誕生に至る動機や考え方について語っていただきました。これについて濱田さんどう思われますか。

濱　田　まず理一郎さんの質問に答えます。実在の二重構造という発想は、ナメクジと人間の認識の分析や原子構造探究実験の分析から思いついたもので、解析力学・量子力学の構造の分析からではありません。しかし今、理一郎さんから指摘されて、改めてこの実在の二重構造と解析力学・量子力学の構造上の類似点に気づきました。「固有世界」と「相対性理論」の関係、「実在の二重構造」と「解析力学・量子力学」の関係をみると、本実在論は私が当初考えていたより深い内容を含んでいるかもしれないと思いました。ただ、相対性理論と量子力学の存在がなかったら、「実在の二重構造」という概念を思いつかなかったかもしれませんし、思いついたとしても空虚な感じで捉え実在論として理論展開しなかったと思います。ところが、この二つの理論の存在により、「実在の二重構造」は紛れもない事実であると確信して理論展開できたのは事実です。

いろいろな場面で、いろいろな人が時間と空間について述べておられるのを聞くと、依然としてニュートンの絶対時空の概念で述べておられる。また空間についても、実数空間の認識でもって述べておられる。それぞれの個人はそれぞれの固有世界の中で生きているのであり、それがその人にとっての実在であるのだからいっこうに構わないのだけれど、「時間とは何か」「空間とは何か」を問題にしたり、それを基にした「実在とは何か」というようなことを考えるときは、相対性理論と量子力学の時空認識を基にしなければ説得力がないと思うのです。

さらに、社会的存在としての人間を考えるときは、自然科学はあまり関係ないとは思いますが、「人間とは何か」「実在とは何か」を考えるときや、人間の五感・感情・知性について言及するときは、自然科学によって明らかになった事実を踏まえる必要があると思うのです。

第一部では、物理学の知識や考え方を人間の精神に適用する、としています。20世紀に入ってから、相対性理論と量子力学が誕生しました。この二つの理論が人間の自然認識に及ぼした影響は計り知れません。

第Ⅴ章　認識と実在、そして生きる意義の創造（ニーチェ、サルトル）

司会者　次に行きます。それでは、自然科学や人間科学の進歩が、「認識と実在」の探究に及ぼした影響についてお伺いします。濱田さんは第一部で、理論展開の基礎には、「人生の意義とは何か」を探究する気持ちが常にあると述べています。そして、ニーチェの「神は死んだ」という言葉や、サルトルの「実存は本質に先立つ」「生には意味がないわけにはいかない」というような言葉を取り上げています。そこで、文成さんに解説をお願いしたいのです。「神は死んだ」という言葉はどういう背景から出てきたのですか。

文　成　了解しました。ニーチェの父は牧師でした。そしてニーチェは、幼少期から厳しいキリスト教の教義を教えられて成長しました。大学入学時には、彼も牧師になることを希望していました。ところが、ガリレオやニュートンから始まった物理学はキリスト教の説く自然像を否定しました。また、ダーウィンやメンデルに始まる進化や遺伝の発見はキリスト教の説く人間誕生を否定しました。これらは真実のように思え、彼を苦しめました。この事実を、彼は受け止めなければならないと思った。それを「神は死んだ」という言葉で表現したと思うのです。ところが、キリスト教の教えは彼の頭と心のみならず、広く西洋人の心と頭さらに文化に浸透している。「神は死んだ」となると人々は頼るものがなくなり、ニヒリズムが世界を覆うと思ったのです。人間には自分の生を価値あるものと思いたいという強い渇望があります。人生を否定しながら一生を過ごすわけにはいかないのです。そこで彼は、生を肯定する新しい思想・価値の創造を試み、辿り着いたのが超人や永劫回帰の考えであったのです。彼は、20世紀に浸透するであろうニヒリズムから人間を救い人生を意義あるものとする思想を構築しようとしたのです。

司会者　なるほど、ニーチェの意図したところは、よく分かりました。ただ超人という言葉は、ピンとこないというか、いろいろ誤解されているところもあったと思うのです。もう少し説明してもらえませんか。

文成　その通りです。教子さんの言うように、超人思想は誤解されたというより、意図的に曲解して利用されたのです。

ニーチェは、キリスト教の教えの根底には、現世逃避とルサンチマン（怨恨）があると思ったのです。この世はつらいけれど徳を積めば来世では報われる、という考え方です。ニーチェは、現世で徳を積み死後の安楽に向かって生きるのではなく、現世における生きる意義を創造しようとしたのです。そこで「この世ならぬ希望を語る者に耳を傾けるな」と言ったのです。そして辿り着いたところが、超人思想であり、永劫回帰という思想なのです。超人とは、人間を超えるのではなく、自分自身を超えるという意味です。永劫回帰とは、未来永劫同じことを繰り返しても、それを「よし」とする生き方をせよという意味です。生まれ変わると言っているのではありません。

ちょっと脱線しますが、明治から大正にかけて多くの日本人がニーチェの影響を受けています。芥川龍之介もその一人です。濱田君は、第一部の「序章」のところで、芥川の『文芸的な、余りに文芸的な』『侏儒の言葉』や『西方の人』等の作品のことを紹介していました。芥川は、これらの作品群の中で従来の価値観の中に潜む欺瞞を鋭く指摘しています。その中の『西方の人』ではほとんどキリストのことを取り上げています。そこで、芥川は宗教について、「ニーチェは宗教を『衛生学』と呼んだ。それは宗教ばかりではない。道徳や経済も『衛生学』である。……」と書いています。つまり芥川は、ニーチェがキリスト教を特別な位置から、道徳や経済と同じ位置で捉えることに反応しているのです。これら一連の言葉から、芥川が、ニーチェの「神は死んだ」という言葉に象徴される価値の崩壊に敏感に反応していたのが分かります。芥川はニーチェが指摘した価値の崩壊やその後に訪れるニヒリズムの蔓延に対する不安を「ぼんやりとした不安」という言葉で表現したのではないかと思います。

司会者　なるほど。ニュートンによるキリスト教の宇宙観の否定、ダーウィンによるキリスト教の人間誕生の否定等の流れの中で考えると、ニーチェの「神は死んだ」という言葉の意味と、ニーチェの考えていたことはよく分かります。濱田さんどうですか。

濱　田　ニーチェの「生の肯定」や「価値の創造」という姿勢には、共感を覚えます。私は第一部で、これからのAI時代における実在論を、知性の働き方の分析より構築しました。その中で、個人の捉えているのは「固有世界」であって、万人に共通の絶対世界の存在を否定しました。そして、この「固有世界」こそが人間にとってのすべてであるとも述べました。固有世界は確実な実在ではあるがそれは各個人の創造物です。生まれる前から存在する「人生の意義」はなく、人間にとっての実在である「人生の意義」は創造するしかないのです。この点で、20世紀の人類をニヒリズムから救おうとしたニーチェの「生の肯定」や「価値の創造」に共鳴するのです。

私が第一部で展開した科学的実在論では、五感・感情・知性で認識するものすべてが「人間にとっての実在」であり、人間の創造物なのです。人生の意義の創造もその内の一つです。すべて個人の責任において創造しなければならないのです。そして、それは、儚いがはっきりとした実在なのです。

司会者　なるほど、「人生の意義」は第3次の「人間にとっての実在」ということですか。ところで、濱田さんはサルトルの言葉もよく引用されています。サルトルの実存主義についてはどう思われていますか。

濱　田　ニーチェの思想にも共鳴する部分が多かったのですが、サルトルの実存主義にも共鳴する部分は多いです。サルトルは「実存は本質に先立つ」「実存主義はヒューマニズムである」「実存主義は人間自身から出発する」と述べています。私が第一部で展開した実在論は、人間自身と言うか、人間の五感・感情・知性の分析から出発したのです。サルトルの考えと似て当然です。私の実在論は、実在の意味を解き明かし、各個人が認識している「固有世界」は、儚いが確かな実在であると証明しています。そして、人生の意義の創造やいかに生きるべきかということは、すべて個人に任されているのです。あらかじめ与えられた人生の意義はないのですから、すべてが自由でその責任はすべて個人に帰されるのです。孤独や疎外や自由の恐怖を感じることがあるのは当然です。この点で、「人間は自由の刑に処されている」と表現したサルトルの実存主義には共鳴する部分が多いのです。

司会者　文成さん、濱田さんの科学的実在論とサルトルの実存主義の関係についてどう思われますか。

文　成　濱田君の実在論とサルトルの実存主義が立っているところはよく似ていると思う。サルトルは、人間の存在に意味をみつけようとした。そこで、いろいろな言葉や、対自存在・即自存在という概念を創造し、人生の意義を創造しようとした。これは、濱田君の実在論の根底にあるものとよく似ている。ただ、サルトルの時代と現在では人間を取り巻く環境で変化しているところもある。その最大のものは、生命科学の進歩とＡＩの登場です。サルトルが実存主義を提唱した時代には、ＡＩは誕生していなかった。ノイマンがコンピューターの原型を作ったばかりであった。これから本格的なＡＩ時代に突入する現代において、ＡＩの知能をいかに捉えるかという視点をもった実在論の構築は急務であると思う。その点で、濱田君が、対自存在・即自存在と実在の二重構造とを関係づけＡＩと人間の違いを明らかにしたのは面白い。

司会者　最後に濱田さんにお聞きします。ＡＩは人間の感情・知性を持つことはありますか。

濱　田　そんなことあるはずがない。五感が生じる仕組みさえ説明できないのに、人間の感情や知性など創り出せるはずがない。細胞1個さえ創り出せないのですよ。ＡＩが人間より多く記憶し、速く計算するのは、自動車が人間より速く走り、飛行機が人間の走り幅跳びよりよく飛ぶのと同じことです。こういう疑問に答えるためにも、これからの時代に人間の尊巌を確立している私の実在論が今後必要になると思うのです。

司会者　最後に文成さん一言お願いします。

文　成　教子さんご苦労さんでした。また、このような対話に呼んでくれてありがとう。私が、一番驚いたのは、濱田君が自分の意見を自信ありげに私の実在論と言っていることだよ。こんな人だったかな。一緒に勤めているときには分からなかった。退職してから、人格が変わったのかい？　それを知りたい。

理一郎　同感。

後日談

教　子　先日はありがとうございました。ところで濱田さん、対話で登場した人物はなぜ外国人ばかりなのでしょう。最近の日本人ノーベル賞受賞者の多さをみると、なぜ日本には哲学や自然科学が誕生しなかったのか、不思議なのです。濱田さんはどう考えておられますか。

濱　田　私は日本には自然科学も哲学もその萌芽は誕生したと思っています。ただ、物理学が誕生しなかったために、個々の発見が自然科学として体系化されなかった。また自然科学と哲学は、真理を探究する車の両輪です。一方だけが進歩することはないと思います。

教　子　ところで、自然科学と物理学を分けておられるのはなぜでしょうか、濱田さんは高校の物理の教員をされてきたから物理学だけ特別視されているのではないですか。

濱　田　そういう面が絶対にないとは言い切れません。しかし、私はそうは思っていません。なぜ物理学なのかと言うと、物理学の対象としている時間や空間、質量やエネルギーは、すべての物体に共通のものです。したがって、物理法則は、過去・現在・未来、生物・無生物、天上・地上、極小・極大に関係なく成立するのです。第一部で「飛躍」という概念を導入したように、物理学ですべてが説明できると言っているのではありません。そして次に、自然科学が進歩しないと哲学だけでは進歩しにくいという件ですが、それは学問の対象の性質によると思います。自然科学は、明らかになった事実の上に次のものを構築します。このとき、自然科学は常に自然の審判を受けるのです。この自然の審判を受け土台が強固になり、次のステップに進めます。物理学とか、自然科学が進歩しないと哲学もそのよって立つ土台が不安定になると思うのです。

日本に自然科学、特に物理学が誕生しなかった原因はいろいろあると思います。日本が島国であるという立地条件や文明誕生の遅さにも関係しているかもしれません。外国で先に誕生してしまったので、それを輸入しただけかもしれません。事実があるだけで、検証することはできません。でも、何か日本固有のものに原因を見つけようとすれば、一番大きいのは自然環境であると思います。

教子　自然科学と物理学の関係や自然科学と哲学の関係についてはよく分かりました。では自然環境とは、この対話で文成さんが話されたターレスの言葉と関係ありますか。

濱田　その通りです。今日の自然科学の方法はニュートン力学の方法を受け継いでいます。つまり、自然現象を分解して法則を見いだし、そこから出発するという方法です。実はこの方法の原点を辿ればターレスの「万物は水よりなる」に行き着くのです。ターレスのこの言葉は、自然は単純であるという考えを象徴的に表現したものです。自然は単純であるという思想（考え）が誕生するか否かが、自然科学（特に物理学）が誕生するか否かの決定的要因であると思います。そこに至る要因は一つではないと思いますが、私は自然環境が大きく影響していると思います。日本には山や海があり、四季があって自然は複雑に変化していくのです。日本人は、その四季折々の変化の状態一つ一つに実在を見いだしてきたのです。つまり自然をそのまま受け入れ、分解はしなかった。そうすると、自然は単純であるという思想は生まれない。これが、自然科学が生まれるかどうかの決定的な分岐点だと思います。ギリシャに行ったことはないので分かりませんが、テレビ等で見る限り日本の自然よりは単純であるように見える。それではニュートンのイギリスも同じではないかと思うでしょ、でも違うのです。「自然は単純である」という思想はイギリスで誕生したのではないのです。地中海のターレスが出発点なのです。イギリスは大陸から輸入したのです。そして、ニュートンの時代にはイギリスの文化と同化していたと思います。同化してしまえば、自然環境は関係ない。現在の日本を見れば分かると思います。

教子　なるほど、それでは日本には自然科学ではなく何が誕生したのですか。

濱田　芸術や工芸だと思います。もちろん、西洋にも芸術や工芸は誕生しており、自然科学が誕生すれば芸術や工芸は誕生しないというものではありません。人間は、第1・2次の人間にとっての実在から、第3次の人間にとっての実在を認識します。例えば、景色を見て「美」を感じるということです。この五感で受け取り、感情で把握した実在を「素朴実在」と呼ぶことにします。そうすると人間は、この素朴実在から第3次の実在を生み出します。さらにそれらから、ダビデ像や万有引力の法則のような次の第3次の実在を生み出します。このとき、その生み出し方は二通りしかないのです。誰しも、その二通りをもっているのですが、人により多少強弱があると思います。右利きか左利きかというようなものです。

教子　何のことを言われているのですか。素朴実在という定義は解りましたが、第3次の人間にとっての実在の生み出し方が二通りというようなこと、聞いたこともありません。説明してもらえますか。

濱田　分かりました。ダビデ像の場合は複雑ですので、まずリンゴを見てリンゴと認識する場合を例に取ります。この場合を(ア)とします。リンゴを見た時、人間は、①色は赤い、②形は丸い、③へたがある、と認識するでしょう。この①②③は五感から得た情報で素朴実在です。そして、自分の頭の中にあるリンゴの概念と照合し、目の前にある物体をリンゴと認識しているのです。この認識作用を分析すると、(①色は赤い＋②形は丸い＋③へたがある＝リンゴ)となっています。つまり、認識の対象から得た情報を分解するのではなく、そのものの合計(または組み合わせ、この場合は合計)で、リンゴと認識しているのです。このように、(ア)は素朴実在を分解するのではなく、その合成で別の実在(「合成実在」と呼ぶことにする)を導いています。このとき、素朴実在は残っています。このようにダビデ像は、ミケランジェロの美意識や思想を彼の頭の中で合成し(合成実在を創り出し)、それを物体化したものです。素朴実在を分解していないので(ア)の方法です。

一方、万有引力から月の公転を導く場合を考えてみます。この場合を(イ)とします。すべての物体は、地上で手放せば落下します。④鉄球を手放せば落下する、⑤木片を手放せば落下する、⑥紙屑を手放せば落下する、……、という素朴実在があるとします。この④⑤⑥……という実在から、地上ではすべての物体は落下する。つまり、すべての物体に万有引力が働いている、という共通事項(「基礎実在」と呼ぶことにする)を導出します。これは、物理でいえば法則を見つけるのに相当します。そして月の公転を説明するのに、万有引力から出発し理論展開します。この④⑤⑥……から万有引力を導いた時点で、落下という素朴実在とは別の実在(基礎実在、この場合は万有引力)を創り出しています。そ

してこの万有引力から月の公転を導出しています。このときの認識の仕方をリンゴの場合のように表現すると、

(万有引力の法則×論理展開=月の公転)

となります。

このように、(イ)は素朴実在から、共通の実在（基礎実在）を導出しています。この時点で素朴実在はなくなっています。そこから出発し、月の公転という別の実在を導出しています。

どちらの方法にもメリット・デメリットはあります。(ア)の方法がより多く芸術に関係し、(イ)の方法がより多く自然科学に関係しています。

教子　(イ)の方法が自然科学に関係しているというのは分かります。(ア)の方法が芸術に関係しているということについて、ダビデ像以外の例を挙げて説明してもらえませんか。

濱田　例えば、ロッテに恋したゲーテの場合を取り上げます。
ロッテに恋したゲーテが、ロッテの美しさを骨格や筋肉にまで遡って説明しようとすれば、ロッテの美しさはなくなってしまいます。つまり、ゲーテが発見したロッテの美しさは、ロッテから得られる素朴実在を分解して出てきたのではないのです。ロッテの表情、仕草、

話し方等々、ゲーテの認識した素朴実在の組み合わせからロッテの魅力という合成実在を創造しているのです。

例えば古典文学、第一部で紹介した『方丈記』では、素朴実在である降雨や川の水の流れから、流れる水は元の水ではないという結論を導いています。降雨や川の水の流れを分解するのではなく、事実をそのまま受け入れ、それを基に結論を導いています。そして、この自然現象を「生きるという行為も、二度と繰り返されることはない」ということの比喩として使っているのです。

教子　なるほど。ロッテの場合はよく分かりましたが、『方丈記』の場合はピンときません。分かったような分からないような変な感じです。他にありますか。

濱田　日本だけでなく、東洋にはこういう傾向があります。

例えば医学、東洋の漢方薬はあるがままの薬草の組み合わせで薬効を創り出している。西洋の医学は切り刻んで患部を治療するのです。

例えば文字、西洋のアルファベットは表音文字でアルファベット一文字一文字に意味はない。つまり、実在の種類で言えば、アルファベットは基礎実在です。それの組み合わせで単語や文章を創っていく。ところが、漢字は表意文字で一つ一つの文字に意味がある。素朴実在を抽象化しているが分解していない。その組み合わせで文章を創る。それをさらに進化させたのが書道です。一つ一つの文字の持つ意味と視覚からくる美とを融合させている。分解ではなく、まったく異なる分野の素朴実在までを融合させている。この意味で書道は、合成実在を創る象徴のような芸術です。このことは、日本食や盆栽についても言えるのではないかと思います。探せばきりがない。ただ、右利きか左利きかというような性質のものですから、そうでない事実も探せば多くあると思います。西洋では(ア)と(イ)の方法が進歩し、日本では(ア)の方法が進歩したということです。文明の誕生時には、以上説明した(ア)の傾向が大きいのか、(イ)の傾向が大きいのかによって、自然科学が誕生するのか芸術が誕生するのかの分岐点になると思うのです。今日のように文明が誕生してしまうと、環境は関係ない。どちらの立場や考え方に立つこともできる。

教子　今後、今おっしゃったような二つの現実の捉え方はどうなりますか。

濱田　この二つの形式で認識した実在(ア)と(イ)は自然科学の進歩により乖離していった。しかし、人間が「人生の意義」や「いかに生きるべきか」等について考えるとき、どちらか一方に偏ってしまっては、人間性に基づいた生きる意義は創造できないと思います。なぜなら、五感で捉えた素朴実在も、知性でとらえた実在も、どちらも同じ第3次の「人間にとっての実在」なのです。どちらか一方に偏るとは、偏っていない方の実在（人間性）を切り捨てるということです。どちらも同じ「人間にとっての実在」なのですから、両方を取り入れてこそ人間性に根ざした真の実在論になると思います。物理学の探究方法である分解して物事の本質を突き止めるというだけでは、第一部で述べた「飛躍」が存在し、五感の誕生すら説明できない。到底、人間の生き方まで行き着かない。シュレーディンガーが東洋思想に興味を持ち、『生命とは何か』を書いたのもこういうところに原因があると思います。私が、ニュートンの実在とゲーテの実在はどちらも同じ「人間にとっての実在」であるとしたのも同じです。分解によって真理を探求するという方法だけでは、人間にとって究極・至高の創造である「生きがいの創造」「人生の意義の創造」には行き着かないと思うのです。

教子　多くのノーベル賞物理学者を輩出しているのに、なぜ自然科学が日本では誕生しなかったのか不思議であったのですが、その謎が解けたような気がします。それでは、もう一方の哲学については、どうでしょうか。日本には、空海や親鸞、西田幾多郎がいますが。

濱田　平安時代・鎌倉時代には、宗教と哲学は分離していなかったと思います。
私は本書を書き始めた頃、西田の著書のタイトルが『善の研究』であるため、私のテーマとは別物であると思っていました。ところが、本書を書き進めていたある日、たまたまＮＨＫの番組『１００分de名著』で『善の研究』を取り上げているのを見たのです。そこで、『善の研究』の元々のタイトルは『純粋経験と実在』であったと言っていたのです。そうすると、『善の研究』のテーマは、本書のテーマ「認識と実在」とよく似ています。そして、西田幾多郎を見る目は大きく変わりました。

その後、実在について思索を巡らせていたある日、突然、「意識がものに従うだけではない、物も意識に従う」というカントの言葉と、西田の「純粋経験」とが結び付いたのです。つまり西田は、カントが「物も意識に従う」という段階で終えた実在についての考えを前進させ、「物も意識に従う」という部分を削ぎ落とした「純粋経験」を「真の実在」とする考えに辿り着いたのだと思ったのです。

実在を対象とした西田の哲学は、本書と対象が同じで共鳴する部分は多くあります。しかし実在に対するスタンスは異なります。というより真逆です。どういうことかと言いますと、西田は体感したもの（純粋経験）を真の実在として実在論を構築し、私は考えるという行為の構造の分析から実在を認識する仕組みを実在に取り入れ実在論を構築しています。まったく逆方向を向いているのです。

教子　逆方向の意味が腑に落ちません。もやもやした感じです。西田と濱田さんの実在論の決定的違いを、もう少し具体的に説明してもらえませんか。また、濱田さんの「実在の二重構造論」では「純粋経験と実在」はどのように捉えられますか。

濱田　解りました。具体的に説明します。これから述べることは、「実在の二重構造」というこれまでなかった観点からの分析で一面の真実を捉えていると思います。

「純粋経験」を根源的実在としたところに、西田が西洋哲学と東洋哲学を融合させよう、又は、西洋哲学を超えた日本独自の哲学を創造しようとした意図が表れていると思います。どういうことかと言いますと、西洋哲学は「物質と精神」の二元論の上に構築されています。西田は、西洋哲学とは別のものを根源的実在にとり、彼独自の実在論を構築しようとしたのです。つまり、人間が物事に集中しているときの経験を「純粋経験[注1]」と定義し、これを根源的実在としたのです。西洋哲学の「物質と精神」の二元を根源的実在とするのではなく、「物質」と「精神」の関わりの中に存在する「純粋経験」を根源的実在としたのです。つまり、根源的実在を変えることにより二元を一元化し、二元論を超えた実在論を構築しようとしたのです。ところが、私の実在論からみると、「純粋経験」は「物質」「精神」と同じ「人間にとっての実在」なのです。実在の捉え方は従来どおりの「一重構造」で、「人間にとっての実在」の中にある別のもの、「純粋経験」を根源的実在としているのです。これでは、「物質と精神」の二元論の中にある矛盾、つまり、「物質と精神の巴構造」を克服できない。だから西田哲学はこの部分の矛盾を内包しているのです。つまりね、私が第一部で展開した「考えるという行為の構造」に関係する部分を、すべて「純粋経験」という概念に取り込んでいるのです。つまり、「純粋経験」という名の素朴実在が生じる構造を解明しなかった。そのため、実在について述べるときには「物質と精神の巴構造」が矛盾として出現します。矛盾のない実在論を構築するには、物質・精神という根源的実在を別のもので置き換えるのではなく、それを認識している認識構造の解明が必要なのです。私が第一部で展開した実在論は、「考えるという行為の構造」つまり「純粋経験の構造」の分析から出発しているのです。これまでの実在論は、洋の東西を問わず実在を「二重構造」で捉えていたため「物質と精神の巴構造」として矛盾を内包しています。この矛盾を「実在の二重構造論」ではすべて解決できます。このことを、第一部第Ⅳ章第6節（153頁）の「本実在論の射程」で東洋と西洋を包含すると言っているのです。

私がここで展開した「実在の二重構造論」からみれば、西田の『善の研究』の難解さの原因の一部は理解できる（注2）と思うのですが！　言い過ぎでしょうか？

（注1）「純粋経験」と関連して「主客未分」という言葉がある。これを、人間が物事に集中し、考える主体（主体）と考えの対象（客体）が分離する前の状態と説明しているのを目にする。本実在論では、いくら集中したからといって考える主体が考えの対象（客体）と融合

することはない。この主客を主観と客観を略したものと解釈すると意味が曖昧になるが、主観的存在（精神）と客観的存在（物質）と捉えると、両者はよく似た意味になる。

（注2）『善の研究』の対象と、私が本書で展開した「認識と実在」の対象は完全に一致しているわけではない。ここで述べたのは、根源的実在に限ったことであって西田哲学全般について言っているのではない。

教子　なるほど、今の説明は説得力がありますね。しかし、言い過ぎの部分もあるかとは思います。西田が本当に、濱田さんの理解されているのに限った内容を『善の研究』で述べているのかは疑問が残ります。話は変わりますが、対話の中で理一郎さんが、これまでの実在論から濱田さんの理論への変化は、古典力学から量子力学への認識の変化と同じ構造上の変化であると指摘されているのを思い出しましたが、関係ありますか。

濱田　関係あるというより同じ関係です。ただ、古典力学から量子力学への認識の変化はもう一段階経ています。量子力学の場合は（参15）で述べている形式上の変化と、実在を実数から複素数へ拡張するという二つを含んでいます。「物質と精神」という相容れない概念を統合するには「実在の二重構造論」が必要であったように、「波動性と粒子性」という相容れない概念を統合するには「量子力学」が必要であったのです。

教子　なるほど、物理学により認識と実在の関係を解明するという試みは完結しているのですね。濱田さんの「認識と実在」についての理論はほぼ納得できました。ところで、もう一つ聞きたいことがあるのです。濱田さんは第一部第Ⅳ章第４節で、本書を書こうとした根底には「人生の意義は実在なのか」「実在するとはどういう意味か」を突き止めたいという気持ちがあると述べていますが、生き方については具体的に触れられていません。例えば、人類をニヒリズムから救おうとしたニーチェの「永劫回帰」という考えは、究極の生き方の基準にはならないのでしょうか。

濱田　私が本書で明らかにしたのは、「認識と実在」の関係です。そしてそれを基に実在論を展開してきました。「いかに生きるべきか」、つまり「生き甲斐の創造」は、次の段階のテーマです。何に幸福や生き甲斐を感じるかは、あらゆる環境の影響を受けますし、同じ人間でも年齢により変化していきます。万人に共通の表現をしようとすれば、「永劫回帰」のように抽象的な表現になると思います。ニーチェの「生の肯定」という考え方は本書の根底にあるものと同じです。私は生を肯定したくて実在論を展開したのです。

教子　「永劫回帰」というのはあまりにも抽象的です。分かり易い具体的な表現で印象に残っているものはありますか。またそれは、濱田さんの実在論ではどのように捉えられますか。

濱　田　印象に残っている言葉は数多くありますが、具体的な表現ですべてを言い表すのは無理です。その中から、「人間とは何か」を探究し尽くしたフロイトが、「いかに生きるべきか」について述べた晩年の言葉を紹介します。フロイトは、ロマン・ロランへの手紙の中で次のように言っています。「あらゆるものの中心に愛を置き、愛し愛されることにすべての満足を見出すとき、幸福は訪れる」と。「人間とは何か」を探究し、「無意識の存在」「性の衝動」という行動原理を発見したフロイトが、その先にある「いかに生きるべきか」について考え、行き着いたところが「あらゆるものの中心に愛を置く」ということであった。知性により人間を探究し、それにより人生を切り拓き、平穏な人生ではなく、辛酸と栄光を知り尽くした後に到達した心境をこのような言葉で表現しているのです。「人間とは何か」を探究し、差別・病魔と闘いながら生き抜いたフロイトの究極の人間肯定の言葉です。私の実在論では、人生の意義は一人ひとりがその人の責任において創造するものです。外部から一方的に与えられる人生の意義などないのです。生き甲斐の創造は、人間にとって究極・至高の創造であって個人の数だけあります。一人ひとりが自分の置かれた環境の中で自分の責任において創造するしかないのです。私の実在論から言えることは、「愛や人生の意義は、儚いがしっかりとした『人間にとっての実在』である」ということです。

教子・濱田　ありがとうございました。

参考

（参1）

人間が自己の外部と接するとき、物自体と接する場合と概念と接する場合がある。物自体と接するとは、リンゴを食する場合のリンゴとか、呼吸をする場合の空気であり数え上げたらきりがない。一方、概念と接するとは、考えるという現象のうち、考える主体が考えの対象のこと（概念）を考えている場合である。リンゴとは愛とはどのようなものであるかと考えているときのリンゴや愛である。本書では、認識と実在について考えているので、対象としているのは概念と接する場合の方である。

概念と接する場合の構造を（図10）で説明する。

実線の矢印①は、電流分布等から「飛躍」により考える主体が誕生していることを示している（飛躍の意味は第I章第3節で説明する）。白抜きの矢印②は、考えるという行為は、考える主体が考えの対象の概念について考えるということを示している。破線の矢印の③は、考えの対象が、考える主体に概念を提供していることを表している。

（図10）では、考える主体（X）は電流分布（広義の物質）からの飛躍により誕生している。しかし、考える主体は、それを誕生させた電流分布等から分離し、それのみが独自に存在するとは考えられない。つまり、考える主体（X）と電流分布等は不可分で一体と考えられ、その意味で考える主体は広義の物質であると言っている。

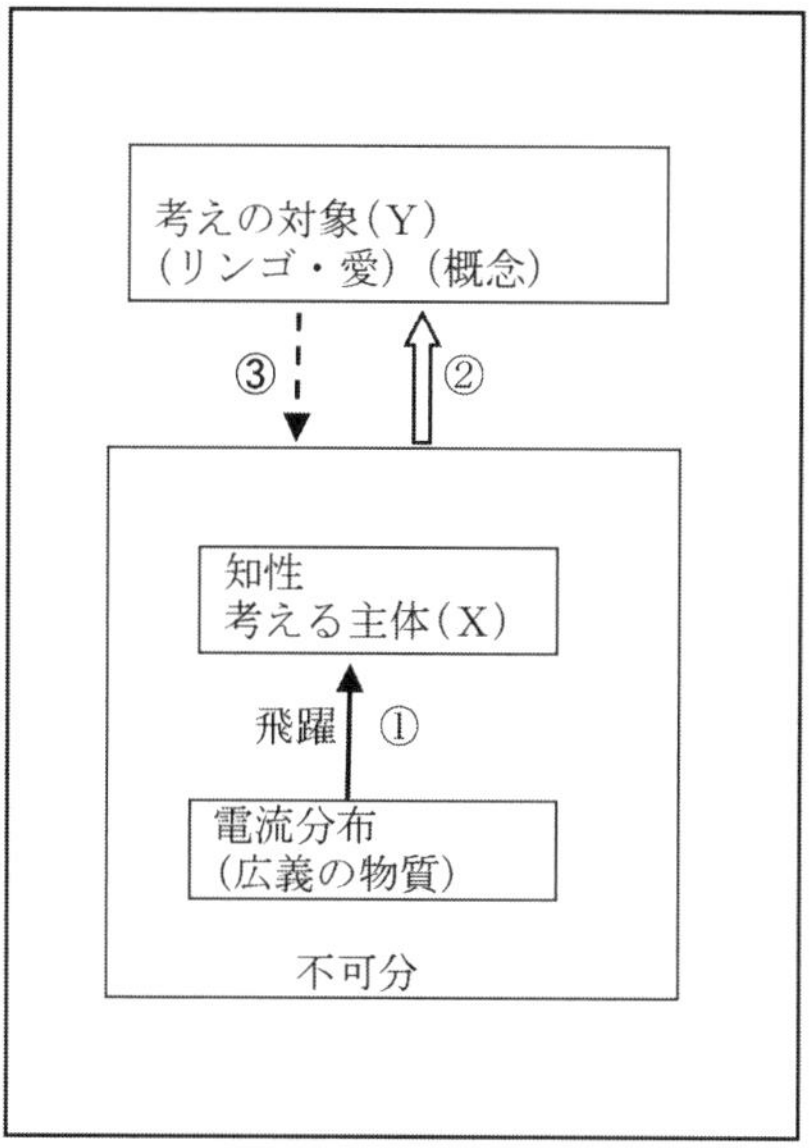

（図10　考える主体と対象、広義の物質と概念）

一方、考えの対象は対象の概念であり非物質である。考える主体がリンゴの概念について考えているとき、リンゴの概念に対応する電流分布が脳内に生じている。このとき、考える主体が創り上げているリンゴの概念は、考える主体の考えるという行為の一部である。概念を創り上げようとする行為は広義の物質であるが、創り上げられた概念は単なる情報の集合体にすぎない。そして、この情報の集合体である考えの対象の概念は非物質である。このように、概念を創るという行為と創られた概念は、考える主体と考えの対象に対応している。

この場合の考えの対象であるリンゴは、考える主体に情報を提供するというだけの存在（考える主体の働きの対象になっているというだけの存在）である。

考えの対象を「物質であるリンゴ」としたから紛らわしいが、考えの対象が「愛」である場合を考えると、考えの対象が物質であるとは誰も考えないであろう。

考えの対象は概念であり非物質であるというのは、写真に似ている。リンゴがあるとしよう。このリンゴを写真に撮る。そうすると写真に写ったリンゴは、リンゴを視覚で捉えた情報の集合体である。情報の集合体、つまりリンゴの概念である。写真に写ったリンゴは、物質であるリンゴから離れ非物質である。つまり概念そのものは情報の集合体で非物質である。そして、この写真に写ったリンゴをリンゴと認識するのは、考える主体の考えるという行為で広義の物質である。

（参2）

「物質は厳として存在している」という点について説明する。厳として存在していると思っているのは、主として五感で捉えた実在についてのイメージである。

本書の自然理解は物理学に基礎を置いている。特に自然認識の部分については、相対性理論や量子力学により明らかになった事実が、現段階では真実に一番近いと確信している。そうすると、素粒子は粒子と波動の両方の性質を持っている。目の前の空間は観測者ごとに存在する固有空間であり、複素数空間である。したがって、原子核の周りをクルクルと公転する電子は存在しないし、すべての空間で一様に流れる時間は存在しない。このように、現代物理学で捉える自然像は、五感で捉えた自然像と異なっている。物理学の進歩によって、五感で捉える自然像と知性で捉える自然像の乖離が大きくなってしまった。知性で捉えた分野の応用によって、月の岩石を地球に持ち帰り、人工知能ＡＩが作られ、最新医療が行われている。これらの事実を考えれば、知性で捉えた世界を信じずにはいられない。自然は、「物質は厳として存在する」というような五感で捉えた通りのみの存在であるとは思えない。つまり、目の前のリンゴが、我々が五感で捉えた通りの存在でそれより深い部分は存在しないとは思えない。自然について以上のような認識の基に本書を書いている。

しかし一方で、本理論では我々の五感で捉えたリンゴも知性で捉えたリンゴも、同じ人間にとっての実在であるとしている。一見矛盾しているように見えるが、この点が本理論の核心部分である。

この点についてもう少し述べると、我々は普段次のように考えがちである。『自然は人間の五感で捉えた形で存在している（素朴実在論）』、もしくは『何か人間の認識を超えた実在があって、人間は科学の力でそれを探究しそれに近づいている（科学的実在論）』。普段我々はこれらの考え方をケースに応じて使い分けている。前者について例を挙げると、我々がリンゴを食べたいと思ったとき、そのリンゴは普段我々が五感で捉えイメージしているリンゴであり、もっと深い実在を思い描いているのではない。つまり『リンゴは我々がリンゴと認識している形で存在する』と思っているそのリンゴを対象としている。一方後者の例を挙げると、『宇宙の深奥にまだ人間は到達していなくて、現代物理学が抱える四つの力が統一されれば、宇宙の深奥に到達できる』と思っている。このとき、我々が五感で捉えている世界よりも深い知性で捉えた実在があると思っている。このようにケースに応じて使い分けている。前者のリンゴは人間の五感が捉えた実在であるし、後者は人間の知性が捉えた実在であり、どちらも人間にとっての実在である。これらはニュートン光学にゲーテが反発したのが形を変えて現れている。つまり五感が捉えた実在と知性が捉えた実在の関係、認識と実在についての同じパターンの疑問が形を変えて出現している。

（参3）

我々は普段「原子は不滅で精神は消滅する」と考えがちである。ところが、原子も不滅ではない。原子炉では中性子をウランに衝突させウランを分裂させている。実験室では原子と反原子が衝突し光子に変化している。また逆に、光子が集まって原子と反原子が対発生している。さらに、人工的に物質と反物質を衝突させなくても原子は崩壊する。ウラン２３８は半減期約45億年で崩壊するし、原子を構成している陽子自身も崩壊し、その寿命は概ね10^{30}（年）と考えられている。以上のように、原子は不滅ではない。

ただ、以上述べた現象を含むすべての自然現象においてエネルギー（質量）は保存されている。そこで、原子の不滅にエネルギー（質量）の不滅が取って代わったと言える。したがって、エネルギー（質量）のように保存される物理量は第1次の実在、電界・磁界や固有時間・固有空間のように保存されない物理量（長い目で見れば原子も含めて）は第2次の実在ということになる。つまり、原子や電界・磁界はダビデ像やリンゴと同じ第2次の実在である。保存される物理量は物理変化の枠組みを決めている特別な存在ではあるが、保存されない量もしっかりとした人間にとっての実在である。

（参４）

不確定性原理には2種類ある。一つは、ハイゼンベルクが１９２７年に量子力学の基礎原理として発表した観測者効果についてのものである。観測の対象は、観測行為の影響を受け、知りうる精度には限界があるというものである。具体的には、対象物体の位置と運動量の積、エネルギーと時間の積は$h/4\pi$（ｈはプランク定数）以下の精度では測定できないということである。例えば、電子の位置を観測しようとして光子を当てると、光子が当たることにより電子が飛ばされ電子の位置と運動量の積が$h/4\pi$以下にはならないというわけである。

もう一つは、同じ１９２７年にケナードが標準偏差の考えを物理量の期待値と観測値に適用し、量子理論から同じ不確定性原理の式を導出したものである。ケナードは、シュレーディンガー方程式の解である波動関数は複素数で表され、その虚数部分にも意味があることを見抜いた。そして、波動関数の存在する複素数空間での演算子（行列）の非可換性から導いており、より本質的である。つまり眼前に広がる空間は、複素数空間であり方程式を通してしか全体像を表現できない。我々がもっている空間のイメージは、空間の一面を捉えているにすぎない。この事実が本書で「原実在」と「人間にとっての実在」という概念を創造した大きな要因である。

このことについては次の私の論文の中で詳しく述べている。

侏儒の旅行記
（副題―不確定性原理と波動性・粒子性が支配する世界―）
著者　濱田利英（『近大姫路大学教育学部紀要』第８号　２０１５年12月31日発行）

以上のように、不確定性原理とは、観測者の観測行為の影響、又は複素数空間の性質により、対象の値を正確には測定できないというものである。

一方、相対性理論において、時空がローレンツ変換によって変換されるということは、「人間にとっての実在」である時空が観測行為の影響を受けていることを証明している。これについては、（参９）をご覧いただきたい。

（参5）

「同じ構造をしており、類推が成立すると考えられる」と述べている。これが、本理論の核心的仮定である。同じ構造をしているだけで、物質世界の仕組みと概念間の仕組みに類推が成立するのか、ということである。

例えば、高校物理ではオームの法則を、電流を水流に例えて説明する。電流を理解するのに、なぜ水流の例えが適用できるのかというと、電流と水流に関係する物理量間（電流と水流、電圧と力学的高さの差、電気抵抗と力学的抵抗等）に一対一の対応が付いている。そして、対応している電気量と質量は保存量であり、重力と電気力は保存力（位置エネルギーが考えられる力）であるという共通の性質を持っている。したがって、対応する物理量間に同じ数式が成り立つ。つまり、水流と電流の差は見えるか見えないかということだけであり例えが成立する。目に見える現象からの類推により、目に見えない現象を理解できる場合には必ずこのような関係が成立している。

それでは、物理現象の理解の仕方を精神の働きに適用する場合には、どのような条件を満たせば類推が可能なのか。精神の働きに物理量間のような数式による表現はできないが、オームの法則の例を参考にすると、次のように考えられる。

物理現象と精神の働きの構成要素が同じであり、その対応している要素の働きが同じであれば、要素間に同じ関係が成立し、類推が可能である。

原子構造探究実験（ラザフォードの実験）と、人間の考えるという行為の関係は、この条件を満たしている。第Ⅱ章第2節の「知性の特徴と限界（その2）」では、これを取り上げている。詳しくはそこを見てほしい。

（参6）

人間が自然について知り得ることについて、カントは次のように述べている。「物自体と人間にとっての物」を区別し、「人間は、自然そのものがどうなっているかということは分からない。人間にとって分かるのは、自然が人間にとってどうなっているかということだけだ」と。この内容をイメージしやすい表現をすると、人間が認識するものはすべて、その認識するという行為によって、人間の五感・感情・知性の色付けをされている。別の表現をすると、人間は外すことのできない五感・感情・知性のサングラスを掛けて世界を見ている、と。

また、このサングラスの性質、つまり人間の知性とその性質についてカントは「人間の知性は物事を時間と空間の中で原因と結果という因果関係で理解するようにできている。この時間・空間として捉えるのを人間の「直観の形式」、そして因果関係で理解しようとするのを「認識の形式」と呼んだ。これらはあらかじめ人間には備わっている」と述べている。

この「認識の形式」の意味を、例を挙げて説明する。例えば、リンゴの木に若葉が芽吹き、秋になってリンゴの果実ができる。このときもし、ナメクジが若葉をすべて食べつくすとリンゴの果実はできない。このことについての、ナメクジと人間の捉え方の違いを比較してみる。ナメクジには物事を因果関係として捉える知性はないので、リンゴができなかった原因を知ることはない。ところが人間は、リンゴができなかった原因を、ナメクジが若葉を食べてしまったために光合成ができなくなったためと理解する。つまり、人間の知性は、物事を時間と空間の中で原因・結果の因果関係で理解するようにできている。

これから、五感が人間にとっての実在を創造しているように、感情や知性も人間にとっての実在を創造していると言える。つまり、同じ現象の中に、ナメクジにはない因果関係を見ている、つまり創造している。

（参7）

「『考える主体自身』の作用は、『考える主体自身』に向くことはない」。考える主体の作用者の創造と意志の創造は、例えれば弾丸と銃、矢と弓のようなものである。放たれた矢は、自分自身と自分を放った弓にだけは向かわない。つまり、「考える主体自身の働き」は考えの対象にできない。

本書では、「認識とは何か」「実在とは何か」ということを解明しようとして、考えるという行為自身を考えの対象にした。その結果、実在が二重構造をしているということ、人間のseishinは原実在であること、さらに考える主体の《作用者の創造と意志の創造》は考えの対象にならないことを明らかにした。この事実を根幹に据え「認識と実在」の理論体系を構築している。単純な事実のようにも思えるが、これまで、考えるという行為自身の働き方の分析より出発した実在論は存在しなかったと思う。

人は日常生活でも、「自分の気持ち（考えていること）をよく考えてみなさい」とか「何を考えているのだ」とかという言葉を使う。このような紛らわしい表現を分析すると、よく考えよと促されている気持ち（考え）とは、何で（どのような原因・目的・理由で）そのようなことを考えているのだ、本当にそれでいいのかと問うているのであって、考える主体自身の働き方を問うてはいない。先述した矢の例えで言うなら、矢の向きや、その向きの原因等を問うているのであって、矢や弓の作り方を問うてはいない。同様に、何を考えているのだという叱責の言葉も、考えている内容に向えるという行為の内容を曖昧にしてきたが、今このように考えてみると、考える主体自身に向いていないことは明らかである。

（参8）

人間にとっての実在が創り上げた世界が「固有世界」である。それに対して、人間は経験的に『世界は個人の認識とは関係なく存在する』と考えている。その世界を「絶対世界」と名付ける。これは相対性理論の固有時空とニュートンの絶対時空との関係に倣って名付けた。ニュートンの絶対時空も本書で定義した絶対世界も現実には存在しない架空の存在である。

相対性理論誕生以前は、絶対時間・絶対空間の存在が信じられていた。絶対時間・絶対空間とは、人間が経験的に捉えている時空の概念で、絶対空間とは無限の広がりをもつ均一な空間であり、絶対時間とは無限の過去から無限の未来へすべての空間で一様に過ぎていく時間のことである。ニュートン力学の根底にある時空の概念である。現在は、この絶対時間・空間の存在は否定され、アインシュタインが創造した相対性理論の固有時間・固有空間(※)が取って代わっている。

特殊相対性理論における時間・空間は宇宙のどこでも同じ絶対的なものではない。分かりやすく表現すると、ある慣性座標系からみると、運動物体の中では静止物体の中より、時間はゆっくり過ぎていき、空間は収縮している。そして、運動物体中での時間の遅れや空間の収縮は、それを観測する慣性座標系からみた運動物体の速度の関数として表される。慣性座標系からみたこの運動物体中での時間を固有時（間）と呼ぶ。空間についても同様に固有空間(※)と呼ぶことにする。運動物体（座標系つまり観測者）の数だけ固有時空が存在する。そして、ある座標系の時空から他の座標系への時空の変換規則をローレンツ変換という。つまり、特殊相対性理論は異なる慣性系（観測者）間での時空の変換理論であり、これから有名な質量とエネルギーの等価性の式（$E = mc^2$）が導出される。一般相対性理論はさらに重力空間（加速度空間）にまで拡張したもので重力を時空の歪みとして理論構築をしている。いずれの相対性理論においても、時空は観測者ごとに存在するという時空のコペルニクス的転換を果たしている。現在では、この理論上に自然科学は構築されている。

（※）（84頁）の（※）で述べたように、本書では固有空間という言葉を絶対空間と対応させて使っている。

（参9）

相対性理論の固有時空の存在は、固有世界が認識行為の影響を受けることを証明している。このことについて述べる。

第Ⅱ章第1節で、人間にとっての実在に次元を付けた。その内、第3次の実在は色々な要素が複雑に絡み合い、認識行為が人間にとっての実在に影響を及ぼしている部分のみを取り出すのは不可能に近い。第1次・第2次の実在においてさえ難しい。ところが、第1次以前の実在である時空は、他の要素が関係することはなく、原実在であるjikuuに対する働きかけの影響のみを取り出すことができる。それを明らかにしたのが相対性理論である。

我々が認識している世界は、認識機能と認識行為の影響を受け固有である。動物ごとに、さらに人間ごとにDNAが異なるのは、観測機能に関係する。一方、相対性理論が明らかにしたのは、認識行為の影響を受ける方である。ローレンツ変換が相対速度の関数として表されていることが、認識行為の影響を受けていることの証拠である。

原実在に対する認識行為（働きかけ）が変わると、人間にとっての実在が影響を受けることを身近な例を用いて説明する。地面に対して静止している列車A、地面に対して速さ v で運動している列車B、速さ $2v$ で運動している列車Cから車外の景色（原実在）を見ると、列車の速さの影響を受け列車A・B・Cから見る景色（人間にとっての実在）は異なる。速さが大きくなるほど、景色は後方に速く流れていく。これは、列車A・B・Cは速さが異なるから、車外の景色（原実在）に対する働きかけ（認識行為）が列車の速さの分だけ異なり、その影響で列車A・B・Cから見る景色（人間にとっての実在）が異なっているのである。つまり、人間にとっての実在は、原実在に対する認識行為の影響を受けている。そして、列車Aに乗っていたとしても、列車B・Cで見た景色は容易に想像がつく（変換規則を経験から把握している）。列車A・B・Cごとに観測値が異なるのは、実は時空や質量も同じである。例えば、車外に設置（固定）された時計・定規・ボールを列車A・B・Cから観測すると、時計の進む速さ・定規の長さ・ボールの質量は、列車A・B・Cごとに異なった値として観測される。[※] その差があまりにも小さいため、相対性理論が登場するまで人間は気づかなかっただけなのだ。

数値の例を挙げて説明する。地面に固定した時計の進みを、列車A・B・Cから観測する。列車A・B・Cに固定した時計がそれぞれ1時間進んだとき、列車A・B・Cから地面に固定した時計の進みを測定する。そうすると、速さ v がある値であるとき、列車Aは静止しているから地面と同じ1時間、列車Bでは速さ v の影響を受けて59分、列車Cでは速さ $2v$ の影響を受けて58分経過しているというように観測する。またこのとき、地面に静止させた状態で測定した定規の長さを60（cm）、ボールの質量を60（g）とすると、列車Aでは60（cm）60（g）、列車Bでは速さ v の影響を受けて59（cm）61（g）、列車Cでは速さ $2v$ の影響を受けて58（cm）62（g）と測定する。時間の遅れ・空間の収縮・質量の増加の程度は速さ v の大きさにより変化する。このように地面に固定した時計の進む速さ・定規の長さ・ボールの質量を測定したとき、測定者ごとにその値は異なる。つまり、時空及び第1次の人間にとっての実在である質量（エネルギー）は、観測行為の影響を受け観測者ごとに異なる。つまり、観測者に固有である。この列車A・B・Cから観測した時空の変換規則がローレンツ変換である。定性的説明のみでは、論理が空回りしそうなので、座標系間の変換式を示す。

同じ時計・同じ長さの定規・同じ質量のボールを列車Bと地表にそれぞれ固定し、それを列車Bから測定する。このとき、列車B内に設置したものの測定値（t_{BB}, l_{BB}, m_{BB}）と地表に設置したものの測定値（t_{BO}, l_{BO}, m_{BO}）の関係（地表の、時間の遅れ・空間の縮み・質量の増加）は、次式で表される。

$$t_{BO} = t_{BB}\sqrt{1-\beta^2} \qquad l_{BO} = l_{BB}\sqrt{1-\beta^2} \qquad m_{BO} = \frac{m_{BB}}{\sqrt{1-\beta^2}}$$

t_{BO}は列車Bからみた地表の時間の進む速さ　　t_{BB}は列車Bからみた列車B内の時間の進む速さ

l_{BO}は列車Bからみた地表の定規の長さ　　l_{BB}は列車Bからみた列車B内の定規の長さ

m_{BO}は列車Bからみた地表のボールの質量　　m_{BB}は列車Bからみた列車B内のボールの質量

$\beta = v/c$　cは光速度、vはAとBの相対速度

（※）普通、固有時（間）は、地面に静止した観測者から見ると、列車A・B・Cごとに時間の進む速さが異なるというように説明される。ところがここでは、一つの観測対象を複数の観測

者が観測するとし、観測対象数と観測者数を逆にした。地面に固定された時計（原実在である jikan）を、列車Ａ・Ｂ・Ｃから観測する（列車Ａ・Ｂ・Ｃに固定された時計の進む速さと比較する。つまり、列車Ａ・Ｂ・Ｃからの人間にとっての実在として捉える）と、その値は観測者ごとに異なる。このように、地面に固定された時計（つまり時間）の進む速さという一つの事実を、複数の観測者（列車Ａ・Ｂ・Ｃ）から観測すると観測者ごとにその値が異なる。つまり、「人間にとっての実在は、観測行為の影響を受け、観測者の数だけ存在する」。

もし、相対性理論や量子力学が存在しなかったら、「実在の二重構造」や「固有世界の存在」は解釈だけの空虚なものと感じたと思う。しかし、これら二つの理論により、人間は五感だけでは自然の姿の一部しか捉えていないことを実感する。私がここで提起している実在論の信頼は、これらの事実を知ることによって確実なものになると思う。そこで、相対性理論や量子力学誕生のキッカケにもなった象徴的な現象を、次の光時計と（参10）の例で紹介する。

相対性理論の、運動物体中での時間の進み方の遅れを説明するのに光時計がよく使われる。これを参考に、観測者と運動物体の相対速度が、対象に対する働き方に対応していることを説明する。光時計の原理については、どこにでも書いてあるので簡単に説明する。まず、光速は光源や観測者の運動に関係なく一定である（これは光速度不変の原理と言われ、マイケルソンとモーレーが１８８７年、厳密な実験により確認している。この事実が前提にある）。（図11）は、両端P・Qに鏡が取り付けられ、中が空洞の実験装置である。この筒の中を、光子が両端P・Qで反射されながら運動する。これを、筒の外の観測者Aと、筒の中の観測者Bが観測する。

（図11の1）は、筒外の観測者に対して静止した装置の中を、光子が両端P・Qの鏡で反射されて運動している様子を表している。この時、筒は静止しているのだから、筒の中で観測しても、筒の外で観測しても時間の進む速さは同じである。

次に、運動物体中での時間の進み方を調べるのに、（図11の2）のように筒全体を右向きに一定の速さ v で運動させる（速度が異なれば、車外の景色に対する働きかけが変わったようにjikanに対する働きかけも当然変わる）。

光子が筒の中を1往復する場合を考える。筒の中の観測者に対して、筒は運動していないので、筒の中の観測者は（図11の1）の場合と同じ結果を得る。ところが筒の外の観測者は光子が筒の中を1往復するのにP_1→Q_2→P_3と運動していると観測する。つまり光子は、筒の中の観測者が観測するより、長い距離を運動していると観測する。光速は光源や観測者の運動によらず一定であるから、長い距離

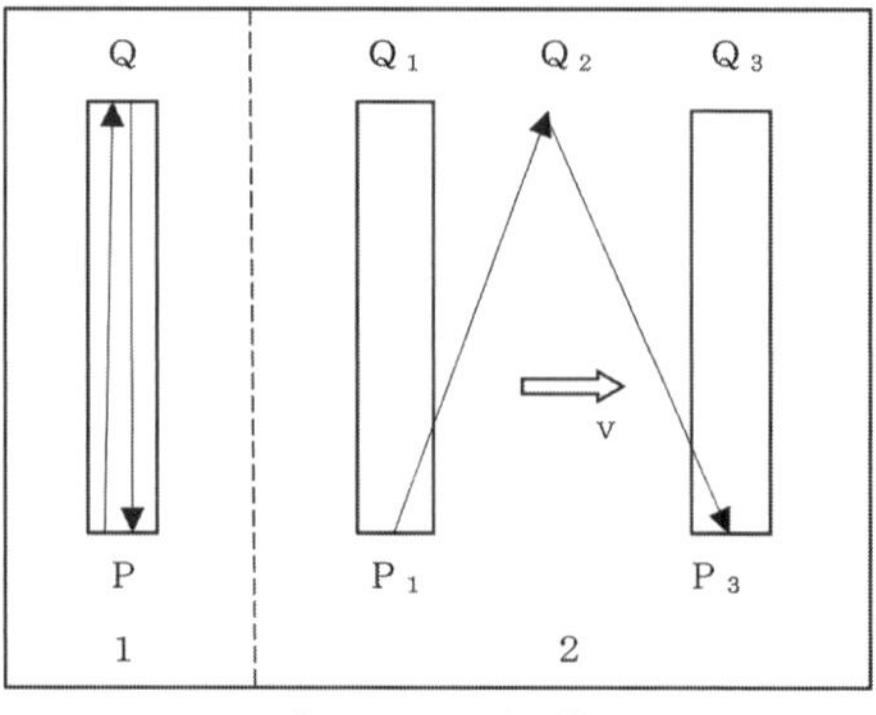

（図11　光時計）

を運動したということは、筒の外では筒の中より時間が多く経過しているということになる。逆に言えば、筒の中では時間の進み方が遅くなった。つまり、運動物体の中では時間の進み方が遅くなる。そうでないと光速は観測者によらず一定にはならない。このことを数式で表したのが、ローレンツ変換であり、これから導かれる時間の遅れ・空間の縮み・質量の変化を前述の変換式で示した。

（参10）

ここで波動性と粒子性が現れ自然像をイメージできない例として、原子模型と電子の2スリットの干渉を取り上げる。

［波動性と粒子性の不思議　その1］

高校の物理・化学では、次のような原子模型を学ぶ。

模型1：原子核の周りを電子がクルクルと公転している（高校物理のボーアの原子模型）。

模型2：原子核の周りに雲のようになって電子が存在している（高校化学の原子模型）。

この二つの原子模型は、波動性と粒子性が出現している場合の原子像を別々の原子模型として表現している。しかしながら、根本的な矛盾を含んでおり、どちらも真の原子像を表しているとは言えない。どちらも一面の真実を捉えているが、そのことにより他の面を捨てている。そもそも複素数空間での現象を、実数空間で表すことなどできない。そこで、これらの原子模型の電子の運動について、切り捨てた面を指摘すると次のようになる。

指摘1：模型1について、電子は実数空間で軌道を描いて運動しない。

指摘2：模型2について、電子は雲のように細かく砕かれたりしない。1個の電子は1個のままである。

この矛盾は、物質の持つ波動性と粒子性の関係を理解することにより解決できる。誤解を承知で実数世界の言葉で言うと、1個の電子は、分裂することなく1個のままで、同時に複数の空間に存在することができる。

誰しもこのような現象の全体像を視覚化して理解することはできない。しかし、本文で述べているように、現象の一面を切り取って視覚化し実数世界のイメージで理解しようとする。そのようにしたのが、原子模型の1と2である。

実在の二重構造による「認識と実在」理解の必要性は、物質の持つ波動性と粒子性の理解なしには、実感しにくいと思う。そこで、波動性と粒子性が現れるもう一つの典型的な例を挙げる。非常に面白い例ではあるが、長くなるので飛ばしてもらっても構わない。

［波動性と粒子性の不思議　その2］

2スリットによる電子の干渉実験

20世紀初頭、世界の物理学者を悩ませた光子や電子の干渉実験をここで紹介する。

（図12－1）は、電子を1個ずつ放出する電子銃Pと、放出された電子を受けるスクリーンS、そして電子の進路に垂直に置かれた移動できる障害物R（この障害物には二つのスリットがあり自由に開閉できるものとする）からなる装置である。また、この装置全体を、真空中に置いたり、薄い気体中に置いたりできるものとする。この装置を用いて、次の6種類の実験を行った。

【実験1】装置全体を真空中に入れ、P点の電子銃からスクリーンSに向かって電子を1個放出した。そうすると、電子は、スクリーン上の☆印をつけたQ_1点に到達した。このとき、電子は広がりをもって衝突するのではなく1点に到達した。

実験1からの推測：電子は1点に到達したのであるから、粒子として運動したように見える。波動であれば、広がりを持って衝突し1点には到達しない。P点からQ_1点まで図中に破線で示した軌跡を通ったように思える。

【実験2】次に、この装置全体を薄い気体中に置き、実験1と同じように電子を1個放出した。そうするとP点からQ_1点まで電子の通った軌跡

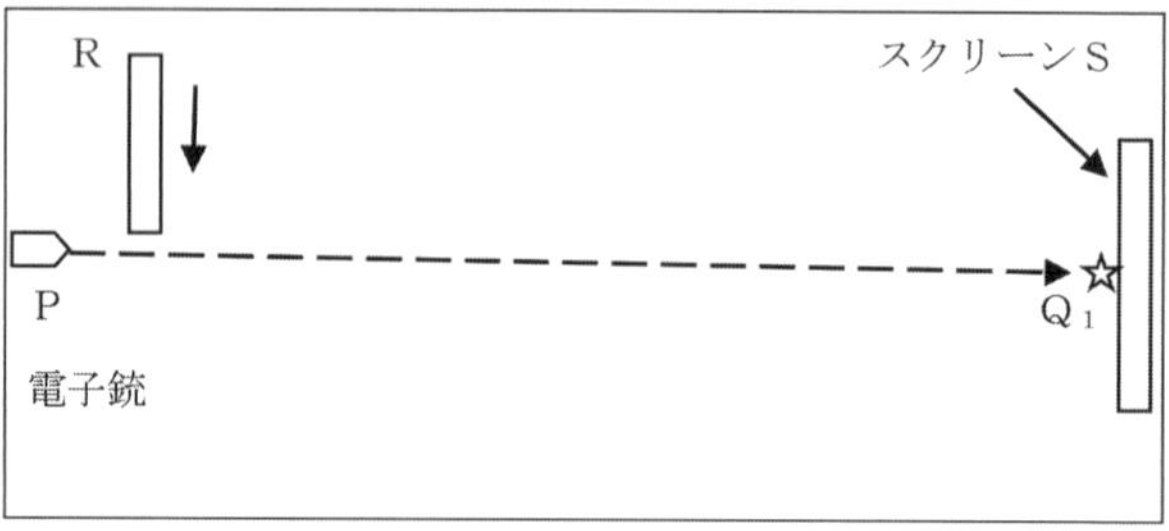

（図12-1）

が1本の線として現れた。
実験2からの推測：波動なら軌跡はできないから、電子はP点からQ_1点まで粒子として運動したのを証明したと思える。
【実験3】次に、装置全体を再び真空中に戻す。そして（図12－1）の中のR（電子を遮断する障害物、スリットは閉じている）を破線で示した電子の通路に垂直に置き、実験1と同じように、電子銃から電子を1個放出した。そうすると、電子は障害物に当たりスクリーンまで到達しなかった。当然ながら何回繰り返しても電子は障害物に当たるだけであった。
実験3からの推測：実験1・2において、P点からQ_1点を繋ぐ一直線上を電子が運動していることを確認したと思える。
【実験4】次に実験3のRをスリットのない障害物から（図12－2）で示した二つのスリットのある障害物に変えて実験3と同じように電子を放出した。電子を1個ずつ（1個の電子がスクリーンに到達してから次の電子を放出した）充分な数の電子をスクリーンに向かって放出した。
実験4の結果予想：これまでの実験で電子は粒子として運動しているように見えるので、この実験においても粒子として運動するであろう。そうすると、（図12－2）で示したように、電子銃から放出された1個の電子はスリットA点・B点のどちらかを通るから、P点とA点・B点を直線で繋いだ延長線とスクリーンの交わるQ_A・Q_B点に電子は1個ずつ到達するだろう（障害物に衝突しスリットを通らない電子もあるが、省略する）。スクリーン上のそれ以外の位置には到達しないだろうから長時間たってからスクリーン上に到達した電子は、（図12－2）のようになる。さらに長時間たっても到達する電子の位置は変わらず電子数が増えるだけであると予想される（図の場合は6個電子が到達している）。

実験4の結果：電子銃より放出された電子はスクリーン上に（図13の1－1）のように到達した。

時間を追って観察すると、電子銃より放出された電子は予想通り1個ずつスクリーンに到達した。しかし、この電子が到達した位置は（図12－2）に示したQ_A・Q_Bの2点ではなく、粒子では決して到達しない位置Q_1・Q_2・Q_3に到達し、Q_1（中心部の小丸が4個ある位置）に一番多く到達した。そして時間が経てば（粒子を数多く衝突させると）波動の干渉縞と同じ（図13の1－2）のようになった。左に膨らんでいるほど電子が多く到達したことを表している。

実験4の感想：実験3までは、電子は粒子として運動していると考えていた。ところが、実験4では、粒子であれば決して到達しない点Q_1に一番多く到達した。そして、電

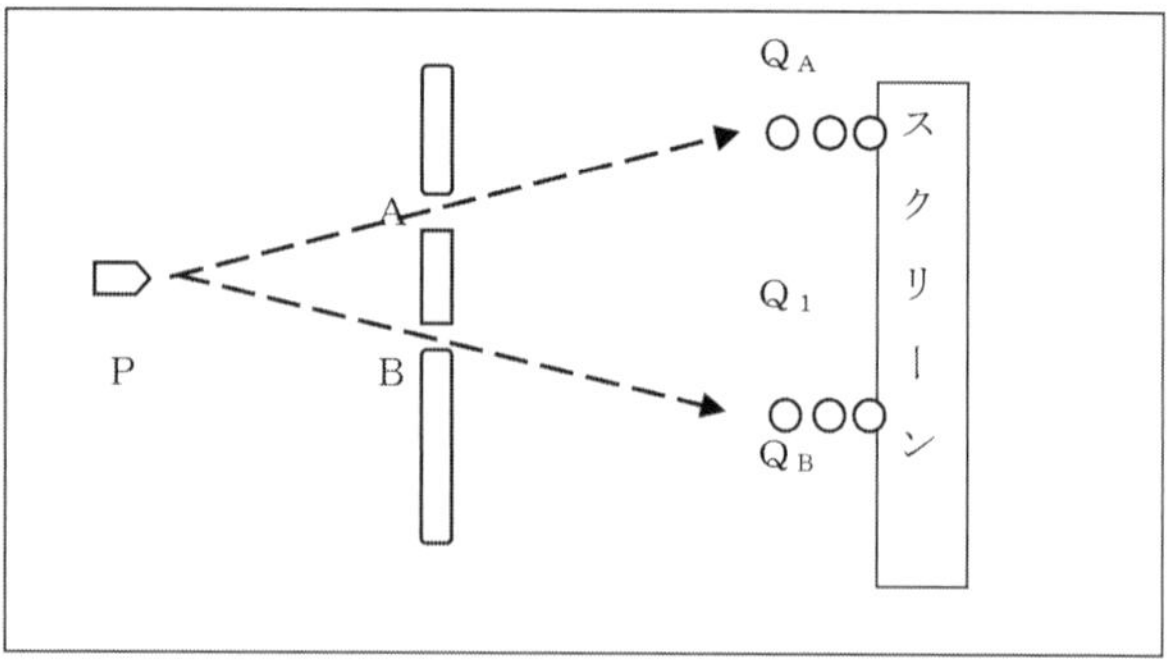

☆この図の縦横の縮尺は正確ではない。電子銃からスクリーンまでの距離に比べてスリットAB間の距離はきわめて小さい。

（図12-2）

子の集団は波動として運動しているような干渉縞（図13の1－2）をつくった（電磁波は干渉縞3のようになる）。これらの結果から、電子は波動の性質を持っているように見える。ところが、これらの場合においても、電子はスクリーンに1個ずつ衝突し粒子の性質も持っている（波動ならば1個2個と数えることはできない）。

それならば、この場合、電子は波動として運動したのか、粒子として運動したのか（つまり、電子は波動なのか粒子なのか）。波動ならば、二つのスリットの両方を通過するはずであるし、粒子ならばA・Bのスリットのどちらか一方を通過するはずである。実際はどのように通過したのか？　電子が波動として運動したのか粒子として運動したのかを確かめるには、スリットA・Bをどのように通過するかということ

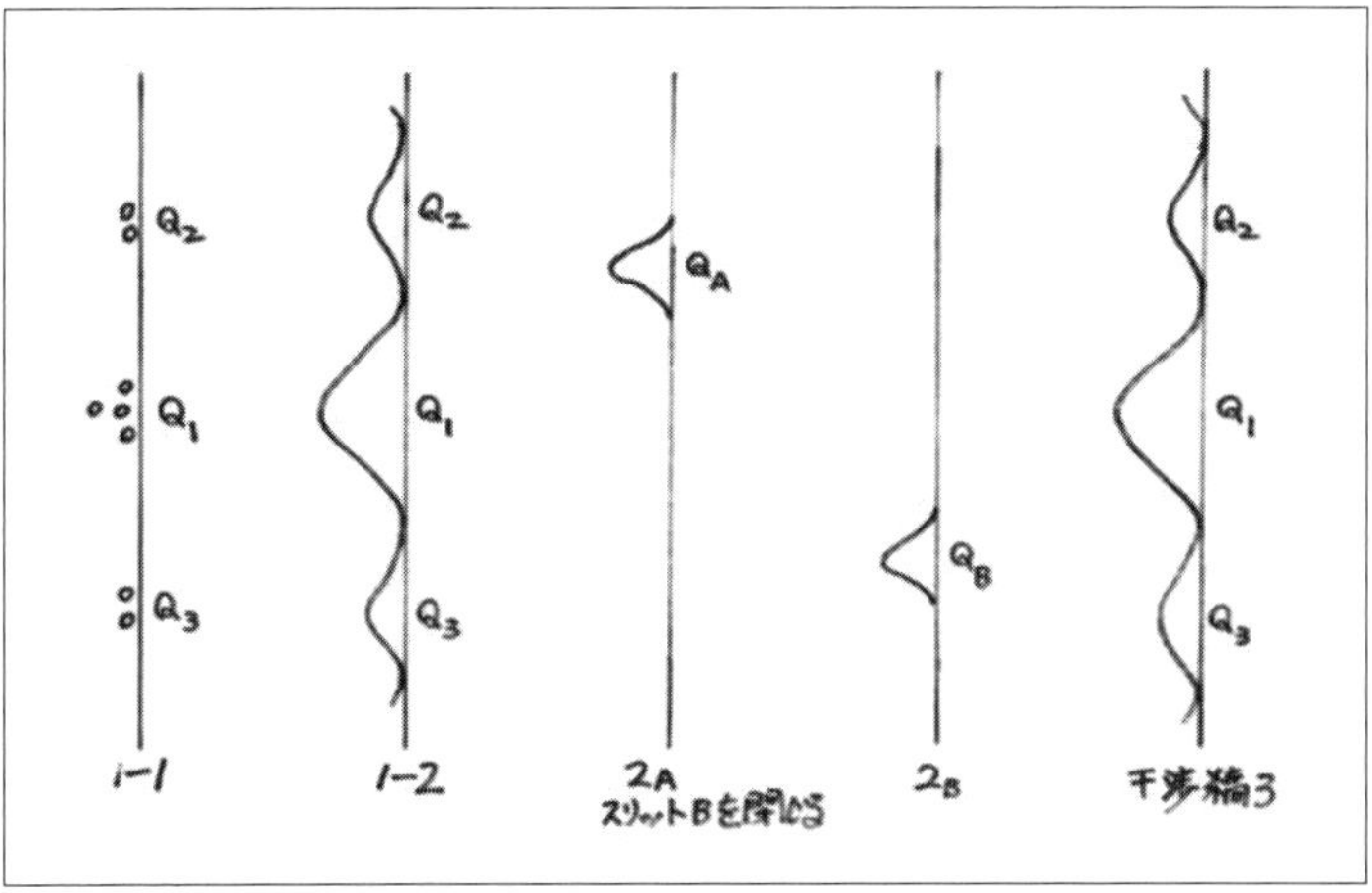

1-1と1-2は実験４の結果。2A・2Bは、実験６の結果。干渉縞３は実験４と同じ条件で、電磁波を用いた実験結果。

（図13）

とを確かめればよい。そこで、スリットAを通ったのかBを通ったのかを確認するため、次の実験5を行った。

【実験5】実験2において、装置全体を薄い気体で満たすと電子の軌跡（と思えるもの）が見えた。そこで、実験2のように、装置全体を薄い気体中に入れ、実験4と同じことを行った。こうすれば、スリットをどのように電子が通過したのか明らかになる。

実験5の結果：実験2のように電子の軌跡と思えるものが現れた。電子銃から放出された電子はスリットAかBのどちらかを通り、直線的に進みスクリーンに衝突した。衝突した位置は、（図12−2）のようになった。（図13の1−1や1−2）のようにはならなかった。つまり、電子は粒子として運動した。

実験5の感想：電子の軌跡を見るために装置全体を薄い気体中に入れたということが、実験4とは異なる条件にしたと思える。つまり、実験2において現れた電子の軌跡（と思われる線）は、電子銃から放出された電子が気体原子と衝突し、気体原子を発光させた（気体原子と衝突した）軌跡であった。つまり、気体原子と衝突するということは、電子の位置を確認しているということであって、スリットAを通過するかBを通過するかということを確認しているということであり、位置を確認しない真空中での電子の運動とは異なる条件にしていた。つまり、真空中での電子の運動の軌跡ではなかった。

ここで行き詰まってしまった。そこで念のため、1個の電子が干渉するかどうか（常識では考えられないが）を確かめるため次の実験を行った。

【実験6】スリットA・Bの片方ずつ閉じて真空中で実験してみる。

実験6の狙い：電子が粒子であれば、スリットA・Bのどちらかを通り、他方が開いていようが閉じていようが電子の運動には関係しない。そこで、片方ずつ閉じて行った実験結果を合成すれば、両方開けて行った実験結果に等しくなるはずである。

電子が波動であれば、スリットが二つ開いていて初めて干渉するのであり、片方が閉じている場合は干渉のしようがないから、片方ずつ閉じて行った実験結果を合成しても、両方開けて行った実験結果に等しくはならない。

このような考え方により、電子が粒子として運動したか、波動として運動したかが判定できる。

実験6の結果：スクリーン上には（図13の2_A・2_B）の結果が得られた。

実験6の結果考察：この結果から、電子が粒子として運動していれば、（図13の2_A・2_B）を合成したものは、（図13の1－2）のようになる。しかし、そうなっていないので、電子は粒子としては運動していない。電子が波動として運動していれば、（図13の2_A・2_B）を合成したものは、（図13の1－2）のようにならない。実際、なっていないから、電子は波動として運動したということになる。

つまり実験4では、1個の電子がスリットA・Bの両方を通過し、干渉した！ということになる。

よく見ると（図13の2_A・2_B）は（図12）とは少し異なり、干渉したように見える。ただし、この場合もスクリーンには1個ずつ衝突し、粒子の性質も持っている。

以上の六つの実験より次のように言える。

電子は波動性と粒子性の両方の性質を持つ。電子は波動として運動し、粒子として衝突すると結論できる。しかしこれで、電子の運動が解明できたのではない。これは、波動性の現れる場合と粒子性の現れる場合を分けただけであって、電子の運動を解明したのではない。まして、電子の本性を解明したのではない。米粒から粒子の性質を考えると、粒子は空間の決まった位置を占め1個2個と数えられる。一方、音波から波動の性質を考えると、波動は時間の経過とともに空間全体に広がっていき、1個2個と数えることはできない。波動性と粒子性は両立しない性質である。この波動性と粒子性を兼ね備えた視覚的実例を我々はもたない。しかし、視覚的実例がなくても電子が波動と粒子の両方の性質を持つことは事実である。この事実が、私が実在の二重構造を基に実在論を構築しなければならないと考える根底にある。

この実験で示した内容については、多くの書物で説明されているので、ここではこれ以上触れないが、2人の物理学者の言葉を紹介する。

実験4の電子の運動について、図の「電子銃から放出された一個の電子は、二つに分かれることなしにスリットA・Bを同時通過し、スクリーン上の一点に到達した」と考えざるを得ない（『光子の裁判』朝永振一郎）。また別の表現をすると「電子銃から放出された一個の電子は、二つに分かれることなしにスリットA・Bを部分的に同時通過し、スクリーン上の一点に到達した」といえる（『初等量子力学』原島鮮）。

物質の持つ波動性と粒子性の関係について理解しようとすれば、量子力学を学ぶしかない。しかし、数式を使わないで、一つの粒子が波動性と粒子性を持つ不思議を実感するには、私は朝永振一郎氏の『光子の裁判』という随筆を読まれるのがよいと思う。実は、ここで取り上げた例は、同書を参考にし、より具体性を持たせるために光子を電子に代えて紹介している。

また私も前掲の姫路大学の教育学部紀要「侏儒の旅行記」の中で取り上げている。参考にしていただけるとありがたい。

（参11）

人間の本能・感情・知性は地上での最初の生命誕生の時の仕組みを受け継いでいる。つまり、地上での最初の生命は、自分をコピーする能力が偶然誕生した時に始まる。そして、自分の生命を守ることと子孫を残す機能・能力が本能として遺伝し引き継がれ、進化してきた。この本能は、エネルギーを取り込む能力と細胞分裂の機能として現れ、それが食欲・性欲に進化し、そこから自己愛や家族愛、そしてその他の感情へと進化してきた。

人間の、本能、感情・知性、無意識の理解には、生命の誕生と進化の事実が参考になる。人間も含め生物の本能は、自己保存と種族保存がその根底にある。空腹のときに感じる食欲、異性が美しく見える性欲は自己保存と種族保存のために、本能として遺伝子の中に組み込まれている。本文中でも述べたが、その本能の指示のもと感情と知性は手足となって動いている。進化の考えがなければ、知性や感情を独立な存在と考えてしまい、過大評価する。ダーウィン以前の人はそう捉えていた。『純粋理性批判』を著したカントですらそうである。進化の過程を考えればフロイトのリビドー説など当然のことである。

ディープラーニングの延長線上でＡＩに偶然知性が誕生したとしよう。この場合の知性は人間の知性の働きを再現したのではなく、偶然誕生したのであるから、人間の知性とは別物であると考えられる。表面的な人間の感情や知性だけを真似るなら、天使かとんでもない悪魔を創り出すことになり、それにより人間が滅ぼされる日が来るかも知れないと思う。ＡＩが何の感情もなく人間を殺すことや、人間が家畜を扱うように、ＡＩが人間を扱うことも起こりうる。

（参12）

人間とは異なる認識形式を持つ知性は存在するのか、存在するとすれば、どのような自然法則を構築していると考えられるのか。これらについては、もちろん分からないし、こんなことは考えても意味がない。人間の考え得るものはすべて人間の知性の形式の範囲内にあり、人間の知性の特徴しか人間には分からない。仮に、人類とは異なる認識形式を持つ知性が存在し「人間にとっての実在で構築した究極の方程式」以外の究極の方程式が存在するとしても、人間は原理的にそれを知ることはできない。人間は、人間の知性の範囲内でしか考えることはできない。あくまでも、人間にとっての究極の方程式ということである。

地球上の進化の頂点である人間の捉え方が認識の最終形式であると我々人間は考えがちである。そうであるかもしれないし、そうでないかもしれない。実は、最終形式であろうとなかろうと我々人間にとっては同じことだ。原理的に確認できない！　人間にとって意味のあるのは、「人間にとっての実在」のみで、我々の五感・感情・知性で捉えている実在のみが我々にとっての実在である、ということである。最終形式であるから実在であり、そうでないから実在でない、というのではない。

（参13）

最初に、未来はあらかじめ決まっていると考えたのはラプラスである。ラプラスは、未来が不確定なように見えるのは、人間に情報が少なく処理する能力がないからだ、と考えた。もし全宇宙の全情報をもち、それを処理する能力をもった者（この全能者をラプラスの悪魔という）が存在すれば、その者から見れば未来は一義的に決定する、と。

また、アインシュタインは、量子力学の確率による因果律に「神様はサイコロを振らない」という言葉で反対した。アインシュタインは、未来が確率によって決定しているように見えるのは、隠れたパラメータの存在に気づいていないだけだと考えた。

現在では、量子力学の確率解釈によって一応のけりはついており、量子力学の確率解釈が最終的支持を得ていると考えてよいと思う。それはつまり、未来は不確定であり自由意志が存在する可能性を認めたということである。人間は、認識図の中で〈図3の〈D_X〉〉より出発するしかなく、そうすると〈図3の〈D_X〉〉とは自由意志そのものであると言える。

（参14）

例えば、月と地球の間に働く万有引力を考える。地球の引力が遠くの月に瞬時に届くとするのが遠隔作用、それに対して地球の質量の影響でその周辺空間の性質が変化しその変化が隣の空間に次々と伝わり時間をかけて月まで届くとするのが近接作用である。デカルトは近接作用を考え、ニュートンは遠隔作用を考えた。万有引力発見当時、近接作用の考えを法則として数式で表すことは当時の物理学では無理であった。そこで、ニュートンは、万有引力は瞬時に伝わるとしてこの問題を先送りし、力学体系を構築していった。後に、ファラデーやマクスウェルは電磁気力を近接作用の考えを用いて法則として表した。この考え方は、重力を時空の歪みとして表した一般相対性理論に引き継がれている。

（参15）

「古典力学と量子力学の関係」と「実在の一重構造と二重構造の関係」の類似性

古典力学から量子力学への進化と、実在の一重構造から実在の二重構造への進化は、同じ構造上の進化である。これについて述べる。

［古典力学と実在の一重構造］

古典力学と実在の一重構造は同じ構造をしている。つまり、古典力学においては、物理量自身間の関係を法則として認識している。また、実在の一重構造では、認識している人間にとっての実在間の関係として世界を認識している。

［量子力学と実在の二重構造］

量子力学と実在の二重構造は同じ認識の構造をしている。シュレーディンガー方程式を例に取ると、物理量をある規則（ハミルトニアン）に従って演算子として波動関数に作用させる。そして、波動関数を決定して、物理量を求める。実在の二重構造では、原実在に発問を作用させる。そして、人間にとっての実在として原実在を認識し、それにより固有世界を構築する。

このように量子力学では、観測できる物理量間の関係を、波動関数と演算子との作用結果を通して認識し、実在の二重構造では、人間にとっての実在を原実在と五感・感情・知性との作用の結果を通して認識しているという共通の構造をもっている。

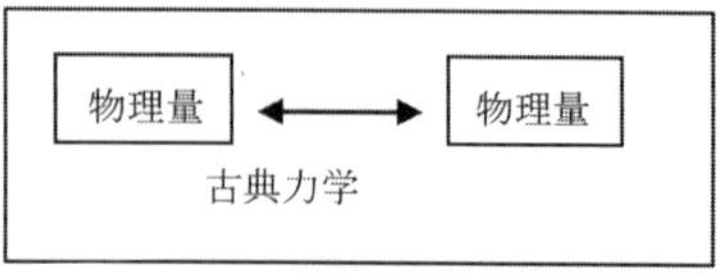

(図14-1)

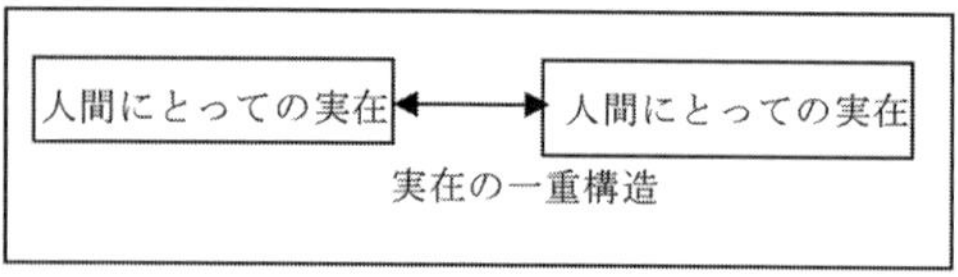

(図14-2)

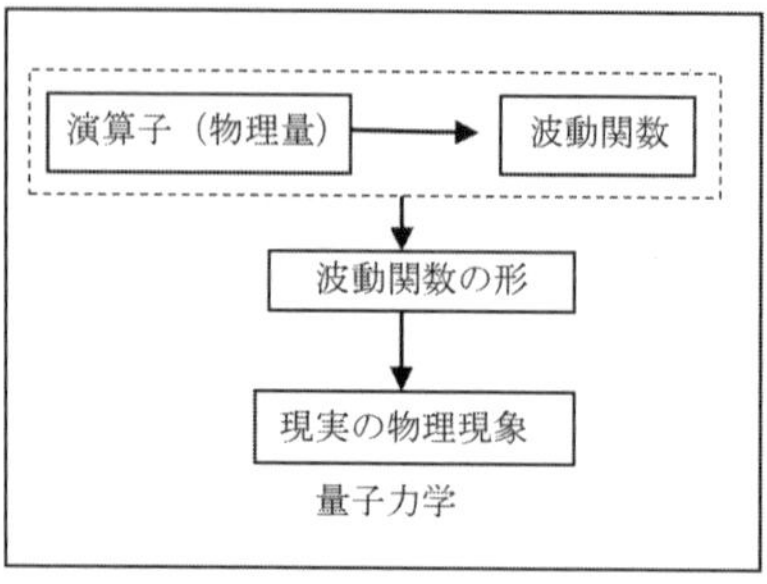

(図14-3)

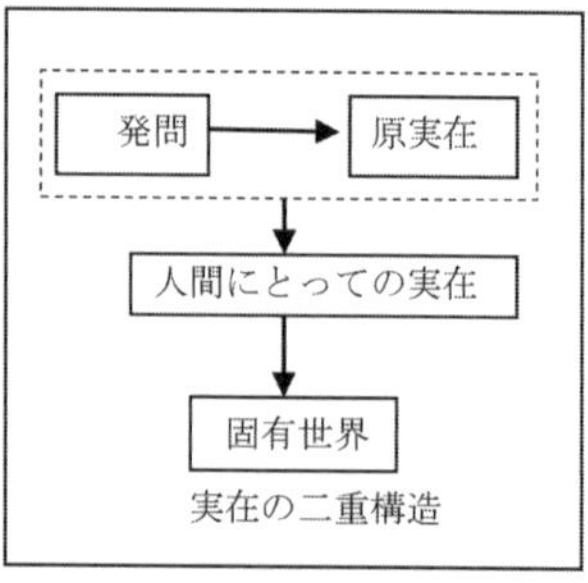

(図14-4)

参考資料　年表

年代	本書に関係する人物出来事	
１３８億年前	宇宙の誕生	
46億年前	地球の誕生	
38億年前	地球での生命の誕生	
20万年前	ホモサピエンス誕生	
ＢＣ３０００年頃	メソポタミア文明誕生	
ＢＣ２５００年頃	四大文明誕生	
ＢＣ６００年頃	万物は水よりなる（ターレス：古代ギリシャ）	
ＢＣ４５０年頃	《孔子・ブッダ・ソクラテス・プラトン活躍》	
ＢＣ４５０年頃	人間は万物の尺度である（プロタゴラス：古代ギリシャ）	※縄文時代
ＢＣ４００年頃	《古代原子論（デモクリトス：古代ギリシャ）》	
ＢＣ３５０年頃	自然哲学の体系（アリストテレス：古代ギリシャ）	※弥生時代

BC	《キリスト誕生（BC4年）》
AC100年頃	天動説（プトレマイオス：古代ローマ）　※邪馬台国
500	《マホメット誕生（570年）》
800	※『古事記』（712）　※平安仏教
1000	※『源氏物語』（1008、紫式部）
1200	※十字軍　※鎌倉仏教
1300	※『神曲』（ダンテ）
1400	《レオナルド・ダ・ヴィンチ活躍（イタリア：1452－1519）》
1510	地動説（コペルニクス：ポーランド：1473－1543）
1609	惑星の運動解明（ケプラー：ドイツ：1571－1630）
1633	宗教裁判（それでも地球は動く）（ガリレオ：イタリア：1564－1642）
1637	『方法序説』（デカルト：フランス：1596－1650）
1649	《歯車式加減計算機（パスカル：フランス：1623－1662）》
1665	《細胞の発見（フック：イギリス：1635－1703）》
1687	古典力学の完成（ニュートン：イギリス：1643－1727）

1774	質量保存の法則の発見（ラボアジェ：フランス：1743－1794）
1774	『若きウェルテルの悩み』（ゲーテ：ドイツ：1749－1832）
1781	『純粋理性批判』（カント：ドイツ：1724－1804）
1803	原子説の提唱（ドルトン：イギリス：1766－1844）
1810	『色彩論』（ゲーテ：ドイツ：1749－1832）
	《解析力学の創設（ハミルトン他：イギリス：1805－1865）》
1847	《エネルギーの保存則を定式化（ヘルムホルツ：ドイツ：1821－1894）》
1859	『種の起源』（ダーウィン：イギリス：1809－1882）
1861	《生命の自然発生説否定（パスツール：フランス：1822－1895）》
1864	電磁気学の基礎方程式の発見（マクスウェル：イギリス：1831－1879）
1865	エントロピー増大の法則（クラウジウス：ドイツ：1822－1888）
1865	遺伝の法則（メンデル：オーストリア：1822－1884）
1867	《資本論（マルクス：ドイツ：1818－1883）》
	※明治維新（1868年）

1883	『ツァラトゥストラかく語りき』（ニーチェ：ドイツ：1844－1900）
1903	《土星型原子模型の発表（長岡半太郎：日本：1865－1950）》
1905	特殊相対性理論（アインシュタイン：ドイツ：1879－1955）
1911	原子の有核模型を提唱（ラザフォード：イギリス：1871－1937）
1911	日本的実在論構築『善の研究』（西田幾多郎：日本：1870－1945）
	※第一次世界大戦（1914～1918年）
1915	一般相対性理論（アインシュタイン：ドイツ：1879－1955）
1923	精神分析（フロイト：オーストリア：1856－1939）
1925	量子力学（ハイゼンベルク：ドイツ：1901－1976）
1926	量子力学（シュレーディンガー：オーストリア：1887－1961）
1927	不確定性原理（ハイゼンベルク：ドイツ：1901－1976）
	（ケナード：アメリカ：1885－1955）
1927	《『西方の人』（芥川龍之介：日本：1892－1927）》
1927	宇宙の膨張発見（ルメートル：ベルギー：1894－1966）
1928	相対論的量子力学・反粒子予言（ディラック：イギリス：1902－1984）

1935	《中間子概念の導入（湯川秀樹：日本：1907－1981）》
1938	実存主義（サルトル：フランス：1905－1980）
	※第二次世界大戦（1939～1945年）
1944	『生命とは何か』（シュレーディンガー：オーストリア：1887－1961）
1945	《ノイマン型コンピューター（ノイマン：アメリカ：1903－1957）》
1948	《くりこみ理論（朝永振一郎他：日本：1906－1979）》
1953	DNAが二重らせん構造であることを発見（ワトソン：アメリカ：1928－） （クリック：イギリス：1916－2004）
1964	《クォーク理論（ゲルマン：アメリカ：1929－2019）》
1969	《アポロ11号（アメリカ）（月面着陸）》
1992	《カトリック教会1633年の宗教裁判の誤りを認め謝罪》
1995	《超弦理論（ウィッテン：アメリカ：1951－）》
1998	宇宙の加速膨張の発見（3人：アメリカ）
2003	不確定性原理補正項（小澤正直：日本：1950－）

2006	iPS細胞発見（山中伸弥：日本：1962－）
2006	ディープラーニング発明（ヒントン：イギリス：1947－）

※印は、本書の内容とは直接関係はないが、時代背景の参考に載せている。

参考文献・引用について

1　本書の内容については、すべて私の創造で参考文献はない。
本書の基となった私の研究ノートや論文については次の４作である。
☆物理現象と実在については、本文中で紹介している３論文である。
☆人間・認識・実在については、次のものである。
「人間とは何か、実在とは何か」（副題―人間の感情と知性は自然科学の体系の中で何処に如何に位置づけられるか、人間にとっての実在とは何か、科学的実在論を構築する―）著者濱田利英（『姫路大学教育学部紀要』第11号　２０１８年12月31日発行）

2　芥川龍之介の言葉については、芥川龍之介集（『日本文学全集』16、昭和40年9月河出書房新社発行）より引用している。

3　（4頁　注4）のアインシュタインの言葉「私には、人間が物事を理解できるということがよく分からない」については、『アインシュタイン選集―アインシュタインとその思想―（昭和47年共立出版、湯川秀樹監修、井上健・中村誠太郎編訳者）』の中にあると記憶していたのであるが、本書を出版するに当たり調べたが、私が読んだと記憶している箇所にこのままの表現のものは捜し出せなかった。よく似た意味の名言として次のようなものがあった。「この世界で最も理解しがい事は、この世界が理解できるということである」

4　（5頁　注5）のゲーテの言葉「光は自然の中でその本質を現す」については、『世界の詩集1、ゲーテ詩集（昭和42年角川書店発行、手塚富雄訳）』の解説の中にあると記憶していたのであるが、アインシュタインの言葉と同様、このままの表現のものは捜し出せなかった。

5　哲学者の言葉はヨースタイン・ゴルデル著（池田香代子訳）『ソフィーの世界』より引用している。

6　物理学者の言葉については、本文中で引用先を示している。

7　上記以外の人物の言葉については、

☆フロイトの晩年の言葉

『知ってるつもり?!』（日本テレビ　司会、関口宏）

☆ハイゼンベルクの晩年の言葉

「偉人たちの夢」（サイエンスチャンネル　進行、及川わたる）

の中から引用している。

8　右記以外の人物の言葉や業績については、広く知れ渡り私の記憶に残っているものの中から取り出したもので、特定の引用先はない。

アインシュタインの言葉、ゲーテの言葉、さらに21頁の湯川秀樹の言葉を私が知ったのは半世紀も前のことであり、引用先の記憶については曖昧になっている。私としては、表現は少し変わったとしても内容についての記憶は間違いないと確信しており、引用先を突き止めることは断念した。

終わりに

シュレーディンガーが、生命を物理法則により定義しているのを知ったとき、それでは人間の感情と知性も物理法則により定義できないかと考えた。しかし、切り口が掴めないまま時間が流れていった。ところが、小澤正直氏が不確定性原理に補正項を付け加えるという論文を発表された。まさか不確定性原理が書き換えられるとは思ってもいなかったので、観測と実在の関係を再考するきっかけとなった。そしてこれが、「人間にとっての実在」と「原実在」からなる「実在の二重構造」という概念を創造することに繋がっていった。そして、人間の感情や知性は「原実在」であり、考えるという行為の対象にならない部分があるという究極の結論に至った。そうすると、これまで私の中で混沌としていた考えや疑問が面白いように整理でき、さらに新たな認識の世界が開かれていくように感じた。例えば、これまで実在論を二分してきた「唯物論と観念論」の矛盾が解決でき、「固有世界」という概念が自然に浮かび一つの実在論を形成していった。しかし、当初の予定とはまったく異なる結論に行き着いてしまった。人間の感情と知性を自然科学の中に位置づけようとしたが、それは自然科学の中にないことを証明することになってしまった。ところが、このことが逆に、ＡＩの知性は自然科学の中にあり、人間の知性とＡＩの知能は全く別物であるということを証明することになった。そして、このことにより、これから到来するであろう本格的なＡＩ時代においても、人間の尊厳は少しも揺るがない実在論を構築することができたと思う。

本書は、元々明確な展望があって書き出したのではなく、書き進めていく中で思い浮かぶ疑問をその都度解決していくというかたちで出来上がっていった。振り返ってみると、長い間、人間の感情や知性を考えの対象にする表現方法を考え出せずにいた。ところが（図3）を思いついてからは、理論が独りでに展開していくようになった。理論が提示する疑問を私が解決していくというような感じで理論体系が出来上がっていった。そして、予想さえしなかった二つの事実に行き着いた。一つは、相対性理論は固有世界の存在を証明しているという事実であり、もう一つは、従来の「実在の一重構造」から本実在論の「実在の二重構造」への認識構造の変化は、「古典力学」から「解析力学・量子力学」への変化と同じ認識構造の変化であるという事実である。「人間の精神を物理法則により定義する」という当初の目的は、形は変わったが少し達成できたのではないかと思う。

ニュートン、アインシュタイン、ゲーテ、カント等世界の巨人の思想を参考に理論を展開し、私なりに納得できる理論体系を構築できた。その過程で、この巨人達のどこに感銘を受け、それが本実在論のどこに関係しているのかを伝えたいという思いが強くなり、対話形式で第二部を書くに至った。私から見た、実在探究の歴史となっている。

本書を出版するに当たり、本実在論を評価し励ましてくださった高校教員時代の先輩で、現在関西学院大学で教鞭を執っておられる藤井一亮先生にこの場を借りてお礼申し上げます。先生の評価と励ましがなければ、本書を書き上げることはできなかったと思う。また、校正の段階でご協力いただだいた高校教員時代の同僚の西村彰範氏にもこの場を借りてお礼申し上げます。さらに、出版にあたりいろいろアドバイスをいただいた東京図書出版の皆様にもお礼申し上げます。最後に、私の執筆を静かに見守ってくれた家族にも感謝の意を表したい。

著者　濱田利英

令和3年2月

濱田　利英（はまだ　としひで）

1949（昭和24）年兵庫県神崎郡（現姫路市）に生まれる。1972年関西大学工学部卒業。1974年関西大学大学院工学研究科修士課程修了後、兵庫県立高等学校理科（物理）教員となる。校長を経て2010年退職。その後、兵庫県立大学非常勤講師・姫路大学教員を勤める。2020年より、姫路女学院中学校高等学校非常勤講師。2010年以降、学生時代より興味のあった教育・自然・人間について姫路大学の教育学部紀要にて発表。

【著書】
『人間とは何か　実在とは何か』（東京図書出版）

【主な論文等】
教育について：「物理学的自然像の育成（副題：授業展開と教材のとり上げ方、自然像と実在）」、その他。
物理について：「物理法則発見における創造的発想（副題：ターレスからシュレーディンガーまでの自然認識の変化について）」、「侏儒の旅行記（副題：不確定性原理と波動性・粒子性が支配する世界）」、「物理法則発見における創造的発想(II)（副題：古典力学から解析力学への進歩に見る物理法則の形式について）」、その他。
認識と実在について：「人間とは何か、実在とは何か（副題：人間の感情と知性は自然科学の体系の中の何処に如何に位置づけられるか）」。

認識と実在

―AI時代の実在論―

2021年8月24日　初版第1刷発行

著　　者　濱田利英
発 行 者　中田典昭
発 行 所　東京図書出版
発行発売　株式会社 リフレ出版
〒113-0021　東京都文京区本駒込 3-10-4
電話 (03)3823-9171　FAX 0120-41-8080
印　　刷　株式会社 ブレイン

ISBN978-4-86641-418-8 C0010

Printed in Japan 2021